尹基跃
私域研究院创始人

知名作家，年度畅销书《可复制的私域流量》作者，淘宝教育、新榜、有赞、360商学院等集团金牌讲师，被誉为"商业私域流量首席架构师"。
作为首席私域专家，曾为湖南卫视、九阳集团、雀巢、茂业、绿地、阳光保险等定制私域流量提升服务。为商业与传统企业集团提供或升级私域新零售解决方案，构建千万级私域流量池，建立私域增长新引擎。

焦法德
私域研究院金牌讲师
大健康私域操盘手
小美医生私域运营总监

擅长搭建健康类产品的私域运营解决方案。
服务超过5000家实体门店，培训近10万人。
操盘过i鼻宜生、美壹社、五彩药灸等市值超过千万元的健康专科项目。

杨黎春
私域研究院金牌讲师
私域营销（广东）创始人
全域营销增长教练

专注实体/门店私域营销增长发售，视频号"零号零粉"起盘直播，助力企业多卖3倍！擅长搭建加油站、商超、餐饮门店、健康美业、物业、景区私域等的"线上+线下"系统，提供批量引流转化成交方案，瞬间爆客爆单！曾经单场"线上+线下"发售储值卡520单，战绩为107万元。

匡科武
私域研究院金牌讲师
500强企业私域发售顾问
有赞四川运营中心客户成功总监

从2016年起，一直在私域新零售第一线实战，7年深度服务100余家企业。
曾任中国金币、中国珠宝、万科印象城、黄老五花生酥等企业私域发售顾问。
擅长：视频号浪潮发售、顶层运营战略规划、门店私域发售爆破等。

杨波
私域研究院金牌讲师
"企业赢销一线"创始人
业绩增长顾问

专注中小企业/实体门店业绩增长十余年，拥有40000+实体商家会员，曾为1000+企业提供业绩增长咨询服务。
通过"全域引流+私域营销"的模式，帮助企业打造流量闭环体系，解决企业引流难、留客难、成交难、锁客难等增长难题，从而实现门店业绩的新增长。

段敏
私域研究院金牌讲师
私域营销咨询顾问

曾为重马体育、金夫人集团、雅创服饰集团、协信星光商业等提供营销咨询、培训服务，为品牌数字化转型做私域增长赋能。
具备15年品牌营销经验，曾任某上市公司高管、董事。累计服务超过100家品牌客户，策划营销活动上千场。
2020年创立泛身咨询，致力于为企业提供以"挖掘客户终生价值"为核心的私域营销咨询和培训服务。

邝敏宁
私域研究院金牌讲师
今日餐饮创始人
"幸福三和"培训体系创始人

有超过十年的连锁餐饮运营经验，操盘品牌数量6+、单品牌年营收超过1亿元。
独立研创"幸福三和"培训体系，成功培训学员10000+。
具备连锁餐饮品牌"十店+百店+千店"孵化落地实操经验。
私域体系搭建单项目回款超过100万元，锁定消费700万元以上。

刘宦言
私域研究院金牌讲师
私域发售教练
千万级私域操盘手

擅长搭建私域发售体系，曾先后参与53个项目的操盘与运营指导，创造单场社群裂变活动收款102万元、单品牌招商发售过千万元的战绩！

张宪成
私域研究院金牌讲师
私域增长操盘手
私域电商专委会主任

先后服务蓝月亮、箭牌、伊利集团、京东商城、赢销通、宝洁、联合利华、统一等知名企业。
现任私域研究院金牌讲师、益莨元品牌私域顾问，擅长消费品、大健康及门店爆单私域体系的打造。

刘亚军
私域研究院金牌讲师
教培行业校区私域操盘手

曾任原上市公司——精锐教育招生副校长，之后独立出来开办培训机构，仅用一年时间从0做到770万元的营业额。
现任两家文化辅导机构的负责人、四家素质类教育机构的投资人、汇智浩学教育咨询有限公司股东。
擅长私域体系和教培体系搭建。助力成都编程猫居然之家店的招生人数达到在读生人数的1.5倍（310人），转化率高达55%。

周东明
私域研究院金牌讲师
珠宝连锁品牌管理顾问
《珠宝连锁管理全书》版权作者

专注珠宝终端零售托管10余年，带领自营珠宝私域电商项目20人团队，销售额超过1亿元。曾通过操盘运营，使多家地方性老金店发展成为区域性连锁企业。擅长为珠宝企业搭建连锁管理体系和私域流量体系等。

刘晋豪
私域研究院金牌讲师
大麦营销创始人
首席业绩增长教练

专注营销策划13年，深度服务3000+企业，全网学员50万+。
出版《流量爆破》《闪电收钱》。
擅长商业模式设计、销售团队培训、门店爆单策划、全域流量操盘等。
曾为红星美凯龙、安吉尔净水机、大鸭梨餐饮、马克华菲、胡庆余堂、金三发集团、台铃电动车、王府井百货等企业提供营销咨询及私域体系服务。

门店私域爆单

私域研究院讲师团 著

北京工业大学出版社

图书在版编目（CIP）数据

门店私域爆单 / 私域研究院讲师团著. — 北京：北京工业大学出版社，2023.5
ISBN 978-7-5639-8649-1

Ⅰ.①门… Ⅱ.①私… Ⅲ.①商店—运营管理 Ⅳ.① F717

中国国家版本馆 CIP 数据核字 (2023) 第 087392 号

门店私域爆单
MENDIAN SIYU BAODAN

著　　　者：	私域研究院讲师团
策划编辑：	郑　毅
责任编辑：	杜一诗
封面设计：	视觉传达
出版发行：	北京工业大学出版社
	（北京市朝阳区平乐园 100 号　邮编：100124）
	010-67391722（传真）　bgdcbs@sina.com
经销单位：	全国各地新华书店
承印单位：	香河县宏润印刷有限公司
开　　　本：	710 毫米 × 1000 毫米　1/16
彩　　　页：	2
印　　　张：	16.5
字　　　数：	235 千字
版　　　次：	2023 年 5 月第 1 版
印　　　次：	2023 年 5 月第 1 次印刷
标准书号：	ISBN 978-7-5639-8649-1
定　　　价：	68.00 元

版权所有　翻印必究

（如发现印装质量问题，请寄本社发行部调换　010-67391106）

前言

"私域流量"这个词出现于 2018 年，经过 5 年的发展，如今已逐渐被大众接受和理解。但究竟什么是私域流量，有没有一个具体的定义？很多关于私域流量的书，对私域流量的定义和理解都不同。在笔者看来，私域流量是管理与经营客户关系的方法，通俗地讲"私域"所涉品牌是自己的，当你想在自己的"一亩三分地"发广告、卖货的时候，是不需要给别人"交租"的。而私域流量运营就是把用户引到自己的"私域"里，持续地和用户建立关系，精细化运营，挖掘用户的终生价值。

如今，私域流量已经被运用于大多数互联网品牌，并达到了很好的效果，比如微商、社交电商、社区团购等，都是最早应用私域流量做用户关系经营的商业模式。再如，在线教育、电商、新零售等，也都是通过私域的形式提升客户的复购率和客单价的。但是，通过私域做得好的线下门店的品牌并不多。

首先，线下门店的经营者对于新兴事物尤其是互联网的接受程度有一定的滞后性，很多中小品牌门店甚至还没有建立自己的社群。

其次，线下门店原有的交易形态决定了传统门店经营者只是把门店当作一个线下交易场所，他们没有意识到除了线下交易外，门店还是一个流量入口，即可通过线下门店将用户导流到线上，线上的成交，才是重中之重。

另外，门店没有相应的团队来做私域流量的运营，很多老板有建群的意识，但建群之后过不了多久，该群就变成了广告群。

门店做私域流量具备天然的优势。

在流量越来越贵、获客成本越来越高的今天，大量线下场景的用户等着被私域化。目前，电商平台的获客成本已经超过了400元/人。一个有10家门店的烘焙品牌，每天的进店量约有3 000人，一年的进店客户就超过了一百万。如果进店用户的加粉率为50%，那么用不了一年的时间，该店就可以增加约50万客户。如果你在三线城市，拥有50万粉丝，那你的粉丝量可能已经超过了当地最大的新闻媒体的粉丝量，你拥有了一个超级渠道，会有大量的商家来找你合作。

门店做私域最大的优势就是每天都会有自然的进店客户，但很多门店留不住这些客户，这就像自己守着金矿，却不知道如何开发一样。

为什么要写这本书呢？因为笔者和笔者所在的私域研究院的金牌讲师们购买了目前市场上关于私域流量的书籍，发现竟然没有一本介绍门店如何做私域的书，大多数书都在介绍互联网品牌如何做私域，其中的很多方法并不适用于实体门店，大量的门店从业者等着通过私域的赋能来提升门店的业绩。基于市场空缺与社会责任，笔者和私域研究院的讲师们决定一起创作完成这本介绍门店如何做私域的书，以填补市场空白。

本书中集合了私域研究院服务过的诸多行业，如大健康、餐饮、珠宝、奢侈品、加油站、零售等，基本上覆盖了高客单高频、高客单低频、低客单高频等不同维度的品牌做私域流量的方法。此外，案例中还穿插了私域体系搭建、社群运营、视频号运营、私域浪潮式发售，从用户导流、日常运营到成交变现，都有明确的路径，再结合所在的行业进行细化调整，就能为门店打造出一个私域流量爆单方案。

  因篇幅有限，本书所介绍的实体店创建私域流量的案例及其方法论并不适用于所有行业。因此，为了更好地帮助读者阅读本书，我们特意建了一个读者交流群。我们的老师都在群内，身为读者的你在阅读过程中遇到任何问题，都可以扫下方的二维码进群交流。同时，群内还会向每位读者赠送 10 份不同行业的案例，以达到帮助读者更好地通过应用私域流量的方法来提升门店业绩的目的。

扫码添加好友，邀您加入读者交流群

目录

第一章
私域战略：不做私域没有生意

门店经营私域流量是必选项 / 2

打造私域流量池，建立第二增长曲线 / 10

四类私域流量打法模型 / 11

第二章
体系搭建：打造产品、流量、转化系统

门店私域搭建的顶层设计 / 18

建立门店流量增长引擎 / 24

设计私域产品系统：以小儿推拿产品为例 / 30

小儿推拿门店618活动全案 / 35

第三章
私域运营：如何打造高黏性私域社群

社群运营5大坑，为什么你的社群不活跃 / 54

五个技巧，锁定用户 / 66

三大策略运营高活跃、高转化社群 / 68

第四章
案例：知识付费行业训练营私域低转高模型

线上训练营火爆的背后逻辑 / 94

可复用的线上训练营转化成交公式 / 99

高转化的9大流程动作设计 / 104

高转化的社群发售技巧 / 113

第五章
私域运营：视频号运营与直播落地方案

为什么一定要做视频号 / 122

做视频号之初必须要知道的3件事 / 127

第六章
私域变现：收款百万的私域变现转化活动设计

社群推品卖爆的底层逻辑 / 162

一款母婴产品，150多人成交800多单 / 169

老牛私房菜3天轻松储值109万元 / 178

第七章
案例：高客单价产品服务型私域模型

什么是服务型私域 / 188

奢侈品皮具护理店，如何累计2万个高净值用户 / 190

零基础1个人4个月卖蟹收入200万元 / 199

第八章
案例：珠宝门店如何通过一场私域活动营收百万元

珠宝门店现状 / 210

珠宝门店私域实操指南 / 214

第九章
案例：加油站+旅游私域门店爆单玩法

要想营销做得好，"读懂"客户少不了 / 230

百业+旅游兴趣私域的门店爆单玩法 / 237

第一章

私域战略：不做私域没有生意

门店经营私域流量是必选项

私域流量认知破局

不懂私域,就像守着金矿在"乞讨"。究竟什么是私域,什么是私域流量,什么又是门店的私域流量呢?要搞清楚这些问题,先要了解消费时代的市场变化和消费场景的变迁。

随着时代的发展,互联网不断发展,由原来的门户时代,逐渐发展到搜索时代、社交网站时代,直至现在的几乎每个人都可以是一个媒体的时代。

互联网的发展也直接影响着消费时代市场的变化。20年前,我们买东西都是去集市或购物中心,这就是商业街时代。后来,2003年淘宝出现了,虽然一开始人们并不相信淘宝,但随着时间的推移,越来越多的人都开始使用淘宝,这足以证明淘宝是可行且便利的购物平台。再后来,2011年微信出现了,伴随着微信支付功能的开通,人们开始使用微信购物,于是诞生了像微商、社区团购等社交电商品牌,这又一次颠覆了消费场景。

从商业街时代到电商时代,再到现在的社交电商时代,人和货都没有变化,但是人们的消费场景却不断升级,逐渐由原来的人找货发展到目前的货找人。

在商业街时代和电商时代,人们采取的都是理性的消费方式,当人们有某种购物需求的时候,就会去找有该商品的市场或平台,会主动搜索该商品，在对价格进行对比后，找到最经济实惠的商品，然后下单购买。这就是人找货的消费场景。

比如，天气很热，你想买一件T恤，会先在淘宝上搜索一下，或到线下门店逛一逛，经过对比，再购买。也就是说，我们是先有了想买某种商品的想法，然后才会产生搜索、购买的行为，这是一种比较理智的消费行为。

进入社交电商时代后，同一类人往往会喜欢同一类商品，品牌就将该类有着共同喜好的人群的数据，进行统一留存，然后经过日常的产品推荐，激发用户需求，引发购买行为。比如，你今天下班很晚，可能8点多才到家，而且还很累，你在休息时刷朋友圈，突然看到楼下卖水果的店主说今天晚上水果半价，该活动持续到晚上9点。你本来没想吃水果，但看到群内发的水果图片后，就通过微信找店主下了一单。其实，你原本没有这种需求，但当你看到店主发的内容后，就引发了吃水果的想法，这就是所谓的货找人，这是一种感性的消费行为。

现在，各种商家和品牌都在不断地引导用户感性消费，比如淘宝里的各种好评，其目的就是引导用户的感性消费。当用户看到某款产品的好评很多，感到非常好奇，就会进去看看具体说的是什么东西，从而使该用户被转化。可见，用户的需求是被激发出来的。

在整个消费决策场景中，越来越多的感性消费逐渐占据了主导地位。最初的电视广告时代，用户对产品的购买属于印象流，即当用户走到货架时，才能想起来哪些产品做过广告。但品牌并不满足于这样的效果，于是发展到了效果广告时代，再到现在的私域流量时代。品牌广告的方法论回归，进行反复触达，增加用户与品牌之间的黏性，就像经营恋爱一样，经营着品牌和用户之间的关系，让用户产生更多的感性消费，在两个相同的产品中，用户就会选择自己信任的品牌的产品。

图1-1是2011年7月中旬至2021年3月中旬的私域流量百度指数趋

势图，其增长峰值最早出现在2018年年底，到2021年3月时，其峰值已经达到了1 500人。也就是说，在2021年3月时，每天有1 500多人在搜索"什么是私域流量""私域流量怎么做"，人们已经开始关注私域流量了。

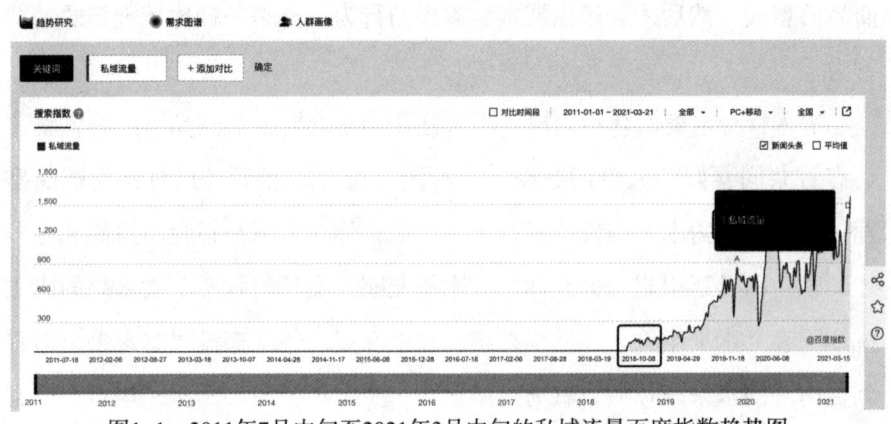

图1-1　2011年7月中旬至2021年3月中旬的私域流量百度指数趋势图

同时，腾讯官方也出版了一本书——《超级连接》。该书对私域新零售进行了定义，阐述了"私域"在腾讯占据的重要地位，即私域是腾讯的一个非常重要的企业战略。

2021年被称为私域流量元年，各品牌都在做私域流量，如果你现在还没开始布局私域流量，甚至还不知道私域流量是什么，那你就没跟上时代。对品牌或者门店来说，十年前，进到你的店里的用户（顾客），就是你的流量；美团、大众点评等平台出现后，用户要想找到你的门店，就得在这些平台上搜索，你的流量变成了平台流量，也就是说，这些用户首先是平台的流量，然后才是你的流量，流量被平台截走了。如果你有了私域流量，流量的所有权又会回到你手中。所以现在我们可以回答刚开始提出的那两个问题了，所谓私域，是互联网私有数据（资产）积蓄的载体。这个载体的数据权益是私有的，且具备用户规则制定权，受社会法律的约束与保护；同时，私域具有与公域及它域相互自由、广泛链接的能力与机制。对品牌来说，私域是指品牌拥有的可重复、低成本甚至是免费触达用户的场域。互联网1.0时代，品牌或商家无法直接触达自己的消费者，因为用户都是属于平台的，但在移动互联网时代，品牌或商家可以通过微信、微博、快手、抖音等工具直达消费者，这就形成了"私域流量"。

如果你的手里没有用户，你就得花更多的钱去各种平台购买更多的客户和流量，随着竞争的日益激烈，流量的成本越来越高，一旦超出你的承受范围，你最终多半会闭店。

建立自己的私域流量池，如同给自己挖了一口水井。过去你要想喝水，需要向水井的主人一次次地购买，现在你自己打了一口井，虽然打井的过程耗费了一定的时间和金钱，但只要有了水井，你就能随时随地饮用免费的水，再也不用向别人买水了。

私域流量掘金思维

所以，再来看上一节提出的问题：什么是门店的私域流量？我们是这样定义的：属于企业自己的，可以自由、免费触达的，沉淀在一定密闭空间中的客户。有了私域流量，企业就能长期免费地触达客户，将品牌、活动或产品，展示给更多的人，向人们进行好物推荐，给他们实实在在的好处，长此以往，自然也就有了转化和复购。

相对来讲，如果你拥有10 000个用户的电话号码或者有10 000个好友关注了你的微信公众号，其实都不算你的私域流量，因为通过电话，你很难随时和用户建立联系，即使有活动，你也无法及时地通知用户；即使用户关注了你的公众号，你也无法随时、自由地触达用户。因为公众号每天只能发一次文章，能够触达和影响用户的次数也是有限的。

门店私域流量的本质与私域流量的本质是相同的，即基于个人、门店或产品背书，实现熟人经济变现，将进店的、路过的、周边的、客户身边的流量全部吸引过来，沉淀在微信生态中，进行精细化运营，促进用户转化或复购，以提升门店营业额。

私域流量，相当于给门店开了一家"云店"，实现24小时营业的状态。门店组建专属于自己的私域流量池，可通过小程序、官方商城、社群、企业微信、个人微信、视频号等途径，将活动或产品推荐给对应的用户，就能极大地减少公域获客成本，同时增加品牌知名度，打造一个永不闭店的门店经营模式，即随时随地都在收钱。

私域流量重新定义了店铺的功能。私域流量将门店变成了一个加粉的通道，下面举个例子。

我有一个特别好的朋友，他最早是做炸串的，租住在一个比较偏僻的地方。他善于思考，每天会让去他的炸串店购买炸串的人，加他的微信，这样坚持了半年时间，他大约加了1 000多个好友。但是，这份工作很辛苦，而且地点偏僻，不太挣钱，于是他转行去做食品和日用品的批发和零售了。

转行之后，他的店里卖的很多产品，都是超市没有的；而超市里有的产品，他店里卖的价格更便宜，整体上毛利只有10%左右。运用私域流量的思维，他把所有进店的用户都加到微信上。每当节日前夕，很多人都会到他店里买礼品和礼盒。他家的礼盒确实比其他商家的便宜，但只便宜一点，每年卖礼盒的收入占整个门店营收的60%以上。他把用户加进来后，就不只是做店里的低客单价产品，因为他也有更高客单价的产品。然后，他还招了代理，只要你交纳299元，以后在他店里买东西都可以打95折，你还能在空余时间挣点零花钱。他一共招纳了300多名代理，相当于300多名免费的销售员。因为卖货量多，渠道商给他的价格也低，这也使得他的店更有竞争力。他不只注重门店的成交，还注重私域的维护，扩大门店服务的外延和服务半径，他的门店平时一天的营业额约有1.5万元，周末能达到2万元，节假日的营业额保持在5万元左右，而他的门店只有100多平方米。

在同质化产品大爆炸的时代，没有任何消费品是必选项，不要只在乎坪效、动销、毛利率，先想方设法把客户加到微信上，塑造诚实可信的个人形象，与有成交基础的好友高频互动，输出丰富多样、关联性强的高性价比产品，服务于人＞服务于品牌＞服务于产品，从经营产品到经营用户，企业才会走得更久、更远。

值得注意的是，如果只进行最简单的加微信、加群的操作，用相同的态度对待微信好友和普通到店的顾客，没有私域流量精细化运营的动作，仍然用老方法去做私域运营，挂羊头卖狗肉，一味地发广告，用户就会流失，从而导致一场空。

私域流量的最小全局认知

不被消费者感知的价值没有价值。

为什么这样说呢？任何一件商品，都有它的价值。当然，这里的价值可能是使用价值，可能是社交价值，也可能是精神价值，甚至是功效价值……但是，如果这些价值没被消费者感知，即使该商品及服务具备对应的价值，甚至物超所值，消费者也不一定会购买。那么，我们该如何将这些价值点传递给消费者呢？惯用的方式是各种渠道的广告，比如传统媒体的报纸、杂志、广播和电视，网络媒体的抖音、今日头条、B站、小红书等。但是，这些媒体和渠道都很难把用户沉淀在一定的"密闭空间"中，无法让企业长期、免费、自由地触达用户，而私域正好完美地解决了这个问题。

在私域中，我们可以随时进行价值的展现，将这些价值点传递给消费者，并被消费者感知，从而更好地占领用户心智。品牌和品牌的竞争、企业和企业的竞争，其本质上是占领消费者心智的竞争。而占领消费者心智，其实就是占领消费者的选择集。当消费者想购买某种产品或服务的时候，脑海里就会出现这种产品或服务的选择集，如果你的产品或服务在消费者的选择集里是排在最前面的，消费者就会在第一时间购买你的产品。

所有的私域都是从最小模型开始的。每家企业都是由小到大发展的，做私域也是一样。好的私域运营一定是先跑出一个最小模型，然后进行复制和升级。在这里，介绍五个做好私域的最小全局认知。

第一，梳理和打造企业的价值点。

如何打造企业的价值点呢？可以从企业的品牌故事，企业的使命、愿景、价值观出发，也就是我希望自己的企业成为什么样的企业？价值观是企业的做事标准，看似很虚，却可以让消费者在做关键决策的时候，知道我们的企业与其他企业的区别，最终脱颖而出。也可以将服务体系，也就是售前、售中、售后给用户的体验感，通过日常运营传递给消费者，让消费者感知到。我们还可以从产品本身着手，比如产品的材质、产品的功能、产品附加值、产品的细节、产品的温度、用心做产品的过程等。

第二，极致的运营以及长时间的坚持。

俞军的产品方法论里有一个非常著名的公式：用户价值=（新体验－旧体验）－转化价值。同样都是做私域，企业的运营能力不一样，呈现出来的结果也不一样。新体验代表的是消费者进入你的私域体系的直接和间接体验，这里的体验可能是感官上的体验，也可能是心理层面的体验。这时我们就需要想一想，我们的私域在维护上面，在内容专业度上面，在消费者能够感知到的层面，如何做到提供更好的体验呢？别人能做到6分，我们如何能做到9分呢？只有消费者对我们的新体验的感受足够好，才会形成记忆点。有人说过一句话："同行正在做的叫义务，同行没有做的才叫服务。"如果我们也能做到，还愁客户记不住、不来复购吗？

第三，组织架构和利益分配。

其实私域做到4分和做到6分之间差别不是很大，差别大的反而是做到极致和做得普通。因为大多数企业的私域只能做到6分，一小部分企业才能够做到极致。如果是连锁企业，最好的方式是成立"中央厨房"，也就是让专业的人做专业的事，由总部统一文案或设计，各店铺进行动作承接、本地化调整等，力求统一对外展示，由行政人员做好执行统计，形成一个完整的闭环。

所谓利益分配就是把私域的环节拆解，并给到对应人员，进行利益激励，比如拉群的人、维护群的人、真正转化的人。设定一个利益分配比例（6∶3∶1），将10%的利益分配给拉微信好友的人，30%的利益分配给每天维护的人，60%的利益分配给转化成功的人。如果粉丝的吸收、维护、转化等都是由同一个人完成的，这个人就能得到100%的利益。当然，这种利益分配只是我们日常用的参考模式，每家企业都能根据实际情况自行调整。在此举利益分配的例子只是提醒大家，有时员工不积极，其实是因为公司只有行政命令，而背后缺少激励手段。

第四，栏目化运营。

对群维护的内容以及朋友圈内容的规划，可以以年为单位，可以以季度为单位，也可以以月为单位。然后逐步拆解到每周、每日。内容运营的重点是相关性和连续性，即内容与内容之间需要有联系，内容与内容之间需要有对应的占比。哪些内容占比多，哪些内容占比少，这些都需要经过测试，慢慢进行调整。

第五，发售。

发售不仅仅是卖产品或接个龙那么简单，它是整个私域中最重要的环节。发售可以理解为批量的用户成交，不是直接卖货，而是通过流程设计提升成交的概率与销售额。商家做私域的最终目的是增加业绩，发售的成功与否，直接决定了业绩好坏，所以发售是私域的重中之重。而发售环节也包括很多细节，除了前面说过的内容，还要做发售前的造势、预售、发售，以及发售后的追踪。造势的海报、时间点、内容规划、连贯性，发售的产品、物料、流程设计、人员培训等，都需要精心准备，才是一个完整的发售流程。

打造私域流量池，建立第二增长曲线

当我们问不同的人做私域运营的感受时，有人觉得简单，也有人觉得难。

觉得简单的人认为，私域运营就是建立微信群，因此没那么难。

觉得难的人认为，建立了微信群但没有活跃度，客户不愿意买单，因此做私域真的很难。

究其原因，是每个人的能力不同，也是每家企业的运营能力、执行能力不同。

所以说不是私域不行，而是你的私域不行。

为什么这样说呢？因为私域是一个工具，每个人对工具的理解是不一样的，运营能力也是不同的。

私域是一个系统工程，好的门店私域运营模式应该由组织能力、核心资源和商业模式三方面构建。从用户的引流链接到触达转化，再到成交变现，然后到最后的数字化，都需要精心设计；同时，还要不断地进行优化。

做私域运营的最终目标是转化，转化离不开发售。我们经常发现有一些商家在自己的朋友圈巧妙地发一些产品推荐的内容，当我们在刷手机时，易产生冲动消费，这就是产品推荐的效果。除了日常朋友的推荐，我们一般也会结合各种节日进行大型的营销活动，提前准备好活动方案，用朋友圈、社群、私信的方式，进行发售活动，以达成交易。当然，我们的营销活动不能带有推销的意味，更重要的是要找到有需求的用户，让其主动举手，如果向主动举手的用户发送活动内容，就不会对顾客造成骚扰。

私域运营能有效提升品牌与用户之间的关系，提升复购率与用户终身价值，从而打造出品牌增长的第二曲线。

四类私域流量打法模型

有人说，所有的行业都可以用私域的思维重新做一遍；也有人说，我在私域运营上投入了很多的人力、物力和财力，但就是不出成果，做私域根本就无用。那么，事实到底是怎样的呢？为什么有人在私域运营上投入了很多钱，却得不到想要的结果呢？看完下面的分析，你就能知道答案。

如何判断一个行业是否适合做私域？

我们需要从行业属性、企业的运营模式、产品的定位来综合考虑。目前，普遍认可的方式是按照客单价、复购频次来进行分类。结合各行各业的具体产品，我们均可以从客单价和购买频次两个维度进行分析，进一步确定适用的私域模型，具体可参照不同行业的购买频次和客单价象限图（见图1-2）。接下来，我们将对这四个象限模型进行分析。

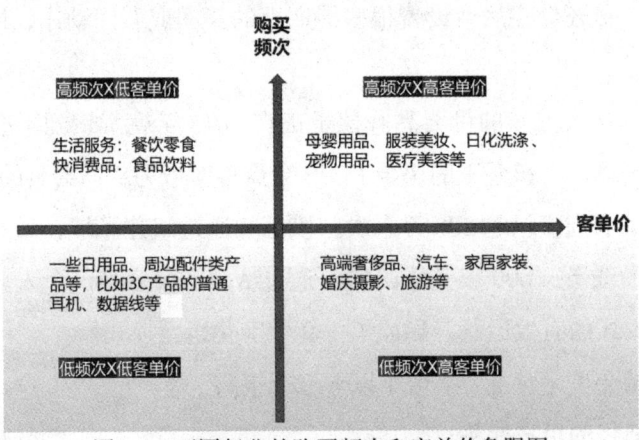

	购买频次	
高频次X低客单价		高频次X高客单价
生活服务：餐饮零食 快消费品：食品饮料		母婴用品、服装美妆、日化洗涤、宠物用品、医疗美容等
		→ 客单价
低频次X低客单价		低频次X高客单价
一些日用品、周边配件类产品等，比如3C产品的普通耳机、数据线等		高端奢侈品、汽车、家居家装、婚庆摄影、旅游等

图1-2 不同行业的购买频次和客单价象限图

高频次高客单价：服务型私域模型

高频次高客单价，顾名思义，这种行业的产品，客单价比较高，普遍都在几百元到几千元，而且复购频次比较高，也就是说客户需要经常购买这类产品。通常来说，对这种行业的产品，客户的购买力非常强，他们的品牌意识比较强，非常适合做私域。

属于这个象限的常见产品种类有高端教育产品、大牌母婴类产品、银行理财产品、中高端鞋服类产品、中高端美妆产品等。

因为客单价比较高，用户复购的频次比较高，所以为了获取精准用户，这类品牌会在前端付出大量的时间、精力和成本，当用户进入品牌私域流量池后，我们通过VIP客服的一对一服务，就会给予用户超值的体验，用会员制锁定用户，达到长期复购的目标。在后端，我们则会打造专业的人设IP，解决用户后期的个性化问题，用服务影响用户心智，使其乐于成为品牌的KOC（Key Opinion Consumer，关键意见消费者），主动帮助品牌在自己的圈子内进行宣传推荐，达到裂变精准用户的目的。除此之外，运营人员还会在后台设置很多周期性的互动或召回动作，以期减少用户的流失。

比如，众人熟知的母婴品牌孩子王在2015年就意识到了会员存量的重要性。据统计，孩子王的黑金PLUS会员年产值为普通会员的10倍，目前该类会员的规模已超100万人次。该品牌通过组建私域，重点服务超级会员，借助线下4 000家实体门店，通过App、公众号、个人微信、小程序商城等方式的有效运营，形成了一套数字化运营模式。

其私域会员运营主要采取了以下三个策略。

1. 精细化的用户标签

通过每年上千场的活动，持续收集母婴用户的各种信息，并给引入的用户打上精细化的标签，再借助营销工具和营销方法，根据对应的标签属性实现个性化的营销推广，做好精准触达，提升复购率。

2. 专业化的深度服务

孩子王提供实时在线服务，只要用户提出自己的问题或需求，就会得到孩子王的专业解答或解决办法，甚至有些服务还是上门提供的。这一点对新手妈妈而言，是难能可贵的。只要为用户做一次有针对性的专业服务，品牌就能很容易地获得基于信任和服务的用户留存。

3. 人设的打造

孩子王之所以能够给用户留下专业、可信任的印象，就是因为其所有一线门店的员工，几乎都是认证过的育儿专家，他们可以提供知识咨询、经验指导等服务，并且有专业的运营，定时产出优质的好物推荐内容。

高频次低客单价：福利型私域模型

相较上述高频次高客单价的产品，人们日常生活中所有的餐饮零售、食品饮料等几乎都属于高频次低客单价的产品，比如你家楼下的快餐店，每周你要去吃好多次；你家旁边的便利店，你也几乎每天都要去一次……整体而言，这种产品的消费金额通常不是很高，少则几块钱，多则上百元。

一般来说，高频次低客单价这种类型的产品，用户需求非常大，且用户对其没有太多的品牌观念，即从任何一家店购买都可以。在这个时候，用心的商户就会组建属于自己的微信群，通过微信群，把优惠信息和活动展示在群内，通过每天的多次触达，引起用户的注意，实现下单和裂变拉人的目的。

高频次低客单价产品有其完善的运营模式，主要是基于社群和发放福利的方式，形成用户的拉新和留存，比如某快餐店在每周三启动会员拉新

13

日，活动的具体做法是在群内发布一条限时限量的秒杀活动信息，若用户转发这个活动信息给 3 位本地朋友，则该用户到店只需 9.9 元就可以购买原价为 29.9 元的套餐。此时大多数看到活动信息的用户会想，反正中午都要吃饭，基于微信好友的信任和推荐，还有价格上的优惠，用户就会转发这个活动，进行消费。

以快餐店商家的角度来看，这样的做法完美地实现了拉新用户的目的，再给通过活动进来的用户统一打上标签，同时根据客户就餐时提出的口味及爱好再次打上不同的标签，就能根据客户的口味及爱好进行精准的活动信息推送，甚至加入新品试吃、会员增值生日服务等。

整体而言，高频次低客单价的私域模式主要是"微信/企业微信＋社群＋小程序商城＋福利或优惠活动信息＋短视频或直播的讲解"，即企业或用户在群内发布小程序活动信息，通过自己优惠购买或分享后的更低价购买，产生线上订单，引导到店消费核销，产生用户的消费触点，做好用户的首次信任和交付工作；然后，做好打标签的工作，引导用户充值或精细化精准触达，提供专业的服务，满足用户的个性化需求，锁定用户的终身消费价值和裂变价值。

低频次低客单价：客服型私域模型

目前，从私域模型搭建及运营管理角度看，低频次低客单价的产品不太适合用私域的打法，但这也不是绝对的，我们需要结合自己的业务状态来分析。

如果你的产品是面向个体消费者（to C）的，比如你是做手机数据线的，一根数据线的零售价是 10 元，买一根数据线就可以使用 1~2 年，在这种情况下，你如何做私域？当然，如果把这款产品做成面向企业或特定用户群体的（to B），不是一根一根地卖数据线，而是 100 根起卖，做成批发类的业务，就属于低频次高客单价的私域模型了。

低频次高客单价：低转高私域模型

低频次高客单价的产品非常多，常见的有高端奢侈品、汽车、家居家装、婚纱摄影、旅游产品等，其客单价通常在上万元。

因为产品的特殊性，注定很多客户都不可能复购，在这种情况下，私域的打法要更多地放在前端流量上，即通过批量曝光获客后精准筛选，建立潜在用户流量池，最后以一对一或多对一服务成交。而企业中台则负责批量赋能，打造专业人设，通过分享好物推荐，建立精细化标签，引导兴趣同好，注重个性化、体验感、参与感和长期的维护交付等。

比如某中高端家装品牌通过打造专业的真人IP，在用户心中塑造品牌价值。其以一款19.9元的定制化签名纪念卧室地板（见图1-3）作为流量入口，仅用了3个月的时间，就引流8 000余人到企业私域，并为他们提供一对一服务，进行后端成交，最终这部分用户给门店带来了200万元的业绩。而这部分用户享受了品牌精心的一对一服务，从而更加信赖门店，结果这批客户的转介绍率高达25%，也就是说，平均每4名客户可以为门店带来1名客户并成功转化。

图1-3 签名定制款地板示意图

私域是一件精细化的事情，其对细节要求特别严苛，不同的行业有不同的打法，如果生搬硬套，只会让门店死得更快。正确的做法应该是先找到自己的对标，然后学习别人的打法，再结合自己的产品进行有针对性的调整，如果你是行业中"第一个吃螃蟹的人"，那么恭喜你，你的思维已经领先了 99.99% 的人，众多赚钱机会已经摆在你的面前。根据自身实力，从零做起，一步一步细化，进行布局、调整和测试，你就能搭建出属于自己的私域体系，从而领跑一切！

第二章

体系搭建：打造产品、流量、转化系统

门店私域搭建的顶层设计

经过第一章的介绍,我们已经了解了私域运营对企业的重要性以及各行业私域的不同打法。那么,具体到门店私域运营,应该从哪里入手?流量在哪里?如何吸引这些流量进入门店的私域?流量进来后,运营工作如何开展?员工不配合,怎么办?……

要解决上述问题,我们先来看看搭建门店私域的关键节点,包括门店营业额公式、24项运营抓手、运营体系搭建以及人员配置这四个部分。掌握这些,人人都能搭建门店的私域体系。

门店营业额公式

门店的核心目标是提升整体营收。我们把门店营收分层,进行细分拆解,将每个动作持续优化,就能提升整体营收。

门店营业额公式如下。

门店营业额 = 门店客流量 × 购买转化率 × 人均客单价 × 复购频次

根据以上公式可以知道,门店营收由门店客流量、购买转化率、人均客单价以及复购频次这四个环节所决定。

具体来说,就是需要不断扩大门店的客户数量规模,不断提升客户质量,要抓整体运营,这样才能在提升客单价的同时提高用户的复购频次,从而提高门店的营业额。

24项运营抓手，助力门店业绩倍增

把决定门店营收的以上4个环节继续拆分，可以细分为24项运营抓手，在这里以小儿推拿店的营收任务动作拆解为例（见图2-1）。当每项抓手都有充足的优势且可以持续优化时，整体营收就可以大大提升了。

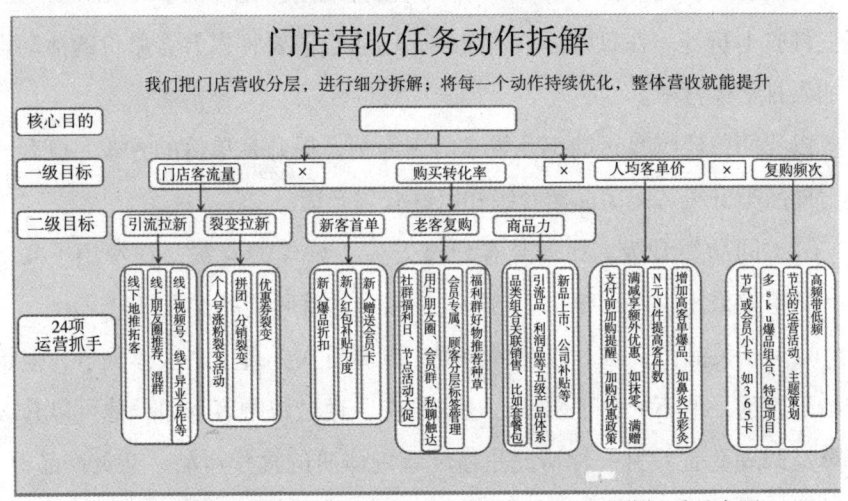

图2-1 将小儿推拿门店营收任务动作拆解为24项运营抓手示意图

1. 提高门店客流量

门店客流量取决于引流策略和方法。

（1）提高门店客流量可以分为引流拉新和裂变拉新两个方面：一方面，新客引流的途径可以是商家自己利用周边环境和自身产品进行引流；另一方面，也可以利用老客户的资源，设置相关利益诱惑，引导老客户拓展其身边资源，进行拉新。

（2）引流拉新的渠道和方式。引流拉新常常会利用线下地推拓客、线上朋友圈推荐和混群、线上视频号及线下异业合作等途径和渠道来进行。而裂变拉新常常利用推荐好友加微信领福利、拼团及分销裂变活动、优惠券裂变活动等形式进行。

2. 提高购买转化率

提高购买转化率可以从三个方面来考虑：新客首单、老客复购和商品力。为了提高新客户转化的成功率，一般会设计新人爆品折扣、新人红包补贴。当然，我们也可以赠送会员，用赠送、补贴、优惠券甚至超值的福利和价格，让客户感觉超值，确保新客户的无压力成交。

3. 提高客单价

提高客单价的方法非常多，很多门店都在用。比如满300元减50元，买三件打七折等。在日常运营的时候，门店也需要将提升客单价的活动设计加入日常运营中。

以我们曾经操盘过的小儿推拿门店为例，提升客单价的方式大概有三种：同品类升级、相关品类升级和家庭套餐升级。

（1）同品类升级。比如某客户过去买了调理的套餐，在使用了几次后，觉得效果比较好，于是主动购买更多，这就叫同品类升级。

（2）相关品类升级。以感冒为例，顾客首次办理了3次体验卡，但检查结果显示，他不只得了感冒，还有鼻炎。通过跟顾客沟通，他可以升级为鼻炎调理套餐。另一种情况是搭配调理体质的食疗产品、艾灸产品等，用搭销的方式升级套餐。

（3）家庭套餐升级。如果是为孩子办理的卡，可以推荐母子同调卡、宝妈带孩子一起调理卡等。

4. 增加老客户的复购频次

要想增加老客户的复购频次，通常要建微信群。通过建立微信社群，可以在群内做内容运营、节日活动宣传等；同时，可以送福利的形式，增加朋友圈触达和私信触达。此外，一些门店还会给老客户打造专属于他们的特权福利，比如生日特权等，增加客户的归属感和荣誉感，加深门店与客户的连接，增进感情。

什么是商品力呢？百度百科是这样定义的：把"合适的商品"在"合适的地点"用"合适的方式"在"合适的时间"以"合适的价格"销售给

"合适的用户"的能力。产品是"1"，营销是后面的"0"，产品没做好，后面的"0"再多，也毫无用处。所以，要想了解一家门店，就可以从它的产品入手，看看产品的品质是否良好，引流品、黏性品、利润品等是否分层清晰，门店能不能为用户解决一系列问题，让用户能持续购买……

梳理完以上问题，门店就可以搭建产品体系，用爆品引流顾客到店转化，用高频带动低频，提高用户的复购频次。同时，结合节日和热点，进行产品推荐或新品宣发，就能提高用户对品牌的认知与黏性。

经过以上四个环节共 24 项运营抓手的完善，门店业绩的提升也就水到渠成了。

从 0 到 1 搭建门店运营体系

1. 打造门店及个人微信形象

门店一定要打造专家形象，包括店长的专家形象和技师的专家形象。专家形象传递出来的信息是统一、专业、接地气的，尤其在健康行业，顾客对专家的信任更加强烈。因此，要打造一个具有强烈辨识度的 IP，与顾客进行互动对话，让顾客认为自己是在跟一个有温度、有情绪的真人对话，而不是面对着一个冷冰冰的机器。

2. 朋友圈打造

朋友圈是展示自我的重要战场，很多人觉得朋友圈没人看、没人关注，这其实是一个很大的误区。不是没人看朋友圈，而是没人看你的朋友圈。朋友圈的打造是有技巧的，也需要进行系统设计，比如如何有趣、如何有料、如何让更多的人认同你等。

发朋友圈的六条技巧如下。

（1）形象打造：打造你的专业形象，朋友圈中每个人都有人设，一切内容都要符合人设。

（2）素材搜集：在微博、小红书、知乎等平台，每天提前搜集素材且配好图片。

（3）发布时间：在三个黄金时间段发布，如早上 7~9 点、中午 11~12 点、晚上 9~11 点等。

（4）发布频次：每天发布 4~6 条，如果是广告，可以循环发布，如果内容相同，可以删掉前一条后再发。

（5）发布内容：不同时段的发布内容要有区别。早上比较适合发一些励志、正能量的段子；中午适合发一些专业干货及案例见证；下午适合发一些产品推荐、服务客户、销量展示等内容；晚上则比较适合发一些工作总结、亲子亲情、晚间充电等内容。

（6）排版美化：多用图片，少用文字，才会显得排版清爽。如果要复制粘贴别人的朋友圈文案，一定要注意防折叠。

3. 微信群运营

同样以小儿推拿门店社群为例。微信群运营一般分为前置流量群、快闪活动群、福利产品群等。

（1）前置流量群。主要是为了吸引外部流量，比如宝妈二手置换群、小区物业群、小区团购群等。不需要重点运营这些群，但要跟群主搞好关系，常在群里冒泡、发红包等，要先与周围邻居混个脸熟，等做活动的时候才方便做宣传或发广告。

（2）快闪活动群。这样的微信群一般都是花 2~3 天的时间，用短期福利来做转化的群，这样主要是便于将线上成交引流到店，进行大额充值消费。这样的微信群的运营重点是通过朋友圈、一对一私信等方式，让顾客做"举手"动作，把对活动感兴趣的人单独拉群，同时让老顾客拉新人进群，以实现群裂变。

（3）福利产品群。一般都是会员群或快闪群活动结束后转化为常规的福利群。它可以长期进行栏目化运营，方便后期做更大规模的成交活动。

不同的群，其主要作用是不同的：前置流量群用来拉新裂变；快闪群可在短期内迅速成交；福利产品群主要用来做顾客培育及定期群内产品推荐转化，加强门店与顾客的黏性。相互配合使用三种群，就能从引流到激活成交，再到后期的持续运营，形成一套社群运营系统。

当然，做三种群的分类也是为了在私域运营中进行顾客分层且有针对性地成交。在私域运营体系中，搭建社群是最直接的顾客培育及成交方式之一。

4. 话术库内容支持

在常规情况下，私域运营的话术库至少包含以下三个维度。

（1）基于运营动作的话术库。如针对不用引流方式的粉丝承接话术、信息收集话术，又如日常规律性运营动作的话术、与营销推送相关的话术、运营活动的话术以及客诉应对的话术。

（2）基于产品的话术库。如产品的介绍、产品的价值、产品的折扣、产品的使用等。

（3）针对不同客户类型的话术库。如针对新用户的欢迎语、付费引导，针对体验用户的回访调研、催单购买话术，针对付费用户的复购引导、回访话术，等等。

门店私域活动人员配置

团队协作是门店私域运营中最基础、最重要的事情，有时甚至可以这样来形容：没有一流的策划，只有一流的执行。团队的配合执行在整个活动中发挥着决定性作用。那么，在整个私域运营活动的团队搭建过程中（以快闪群为例），需要的都是什么样的岗位角色呢？

1. 总负责人（总指挥）

私域运营是一把手工程，涉及多个部门的共同协作。把私域只当作一个部门的项目来做，是很难达到预期目标的。因此，私域运营活动的总指挥一定要是门店负责人或公司授权的负责人，这样才能充分协调各种资源，协同各部门达到最优结果。

2. 流程把控

门店若想要让新人快速上手或更大规模地复制活动，首先要有一套SOP，即标准化作业流程（Standard Operating Procedure）。比如朋友圈的SOP、社群SOP、发售SOP等。在整个私域团队的搭建中，SOP起着串联的作用，每个人都是流程中的关键节点，每个节点也都需要持续优化。

3. 群主（导购）

群主是有影响力的人，比如技术老师、门店店长，他们大多是长期与顾客接触的人。持续接触才会产生信任，建立信任才更容易成交。为了提高成交率，一定要选择一个有影响力的群主，主要负责介绍产品、塑造价值、群收款等工作。

4. 群助理（主持人）

群助理的主要任务是发群接龙、统计订单、晒反馈截图及订单倒计时等，辅助群主做好对接工作。

5. 气氛组

气氛组就是快闪群活动中帮助群做热度的人，这一角色可以找朋友、合作伙伴或熟悉的顾客来担任。在社群维护及发售的过程中，气氛组能起到很重要的带头作用。尤其是在收款的紧要关头，有人带头付款对整场的群发售活动还能起到决定作用。

建立门店流量增长引擎

门店流量系统矩阵布局

流量是一切生意的本质，门店应该有计划地设计自己的流量系统，不断地扩大门店的流量规模。

门店最大的流量来源是线下，要设计相关产品、物料以及套餐，引导顾客加门店的微信好友，通过线上更高频次的连接，以使顾客更多地进行转介绍及裂变。

门店流量不仅来自线下，还来自线上，要做好流量管道。线上线下矩阵式布局，可以打破时间限制（原有门店只在9~19点开门营业，而线上可以24小时营业，永不打烊），顾客就能持续进入门店流量池，不间断地转化。

门店的流量布局还可以打破地域限制。基于门店到店服务的属性，现在需要升级为"产品+服务"的产品模式，用外卖产品来做前端交付，做"线上指导+居家调理"，门店就能从原来5 km的服务半径发展到全城配送，甚至还有的门店可以做到产品线上一件代发等。

以小儿推拿门店流量布局（见图2-2）为例可以看出，未来每家门店必须是"线下实体店+线上云店"的形式来组合经营：线上做前端扩展消费、活动打造及互动传播；线下做后端服务交付、信任背书、社交中心等，这是未来各门店必须要搭建的流量系统。

图2-2 小儿推拿门店流量布局

门店常用流量池为个人号、微信群、朋友圈、公众号、小程序、视频号等，所以，门店的流量经营一定离不开从这些方面来搭建流量池（见图2-3）。

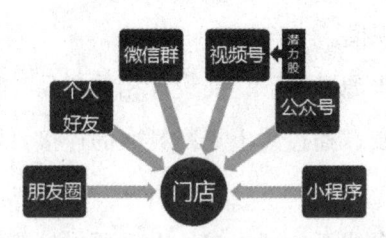

图2-3 小儿推拿门店流量池搭建

对门店来讲，小程序比较复杂，需要进行专业设计，因此门店很少使用；公众号的打开率逐年降低，且互动不够及时，门店常用的流量池主要是个人号、微信群、视频号。

在微信生态里，视频号越来越受重视，腾讯官方也一直在给予其巨大的流量资源扶持，但是传统门店对这方面的系统学习较少，操作门槛较高。不过，视频号半公域的属性有着巨大的发展空间，因此门店可以进行适当布局。

综合考虑，门店更偏向于用个人号及微信群来做流量承接与会员服务。

当然，作为打造个人形象、传递个人观点的重要阵地，朋友圈也不可或缺。

把会员加到微信上是最直接的流量池建设方式，每个门店都应该把加微信当作门店每天的基础性工作。那么，如何才能更好地添加客户的微信呢？接下来将介绍门店添加客户微信的四大触点设计。

门店加微信的四大触点设计

要想加顾客的微信，首先要做好的就是门店的加微"触点设计"。

什么是触点设计？就是在各种场景布置微信引流二维码，给顾客一个加微信的理由。

下面仍然以小儿推拿门店为例。

1. 门口的加微"触点设计"

放置展架或海报，在这些物料上放置门店要搭建的某个流量池的微信二维码，引导顾客加微信。

在设计海报或展架的时候，要突出你能够给予顾客什么价值，同时做好成交塑造，让顾客明确添加微信之后的价值回馈。比如图2-4中的免费调理鼻炎的活动，就要重点突出此次活动是义诊，完全免费。

图2-4 免费调理鼻炎的活动海报

2. 收银台的加微"触点设计"

在这一点上，零售店收银台的常规操作办法是加微信可以免费领塑料袋，通过给客户发放塑料袋做引流动作。

小儿推拿门店也可以参照这种方式，用孩子喜欢的玩具作为引导，比如小贴画、糖果等，虽然价格低，但都是能够吸引小朋友的注意力的物品（见图2-5）。

图2-5 小儿推拿门店收银台的常用小贴画

3. 店内引导的加微"触点设计"

引导的加微触点设计的方式有很多，比如在货架标签上做好会员与非会员的价格标注；在游戏区贴上二维码并标注加微信在线抽奖等。当然，要想提高加微信好友的概率，离不开门店店员或导购的适当引导。

4. 线上互推的加微"触点设计"

顾客来到门店消费后，门店可以适当让利，让顾客帮忙转发提前设计好的图文，加强门店在朋友圈的曝光。顾客的推荐往往比我们单方面的讲解更有效。

布置好了线上线下的"加微触点"后，门店要对店员进行系统培训，并把加微信的数量和质量纳入员工的绩效考核。经过这样的系统设计，流量才会源源不断地进入门店微信，方便下一步营销动作的开展。

顾客终生价值与门店用户旅程设计

私域运营的本质是会员的精细化运营。私域的会员运营不是一蹴而就的，而需要长期且持久的积累。

门店私域会员运营要从两方面来做系统设计：顾客终生价值与门店用户旅程设计。

1. 顾客终生价值

互联网的发展导致流量越来越分散，门店一次拓客的成本也在不断增加，如果没有意识到顾客终生价值，门店只会不断向顾客推销，从以服务为主变成以营销业绩为主，从而导致顾客的体验越来越差，这会极大地影响后期的续卡及转介绍。

如果门店拥有终生服务顾客的认知，就不会急功近利地达成成交，而是会转变服务逻辑，通过持续不断地输出价值，赢得顾客的信任，实现顾客终生价值。具体来说，可参考门店私域用户服务全生命周期曲线图（见图2-6）。

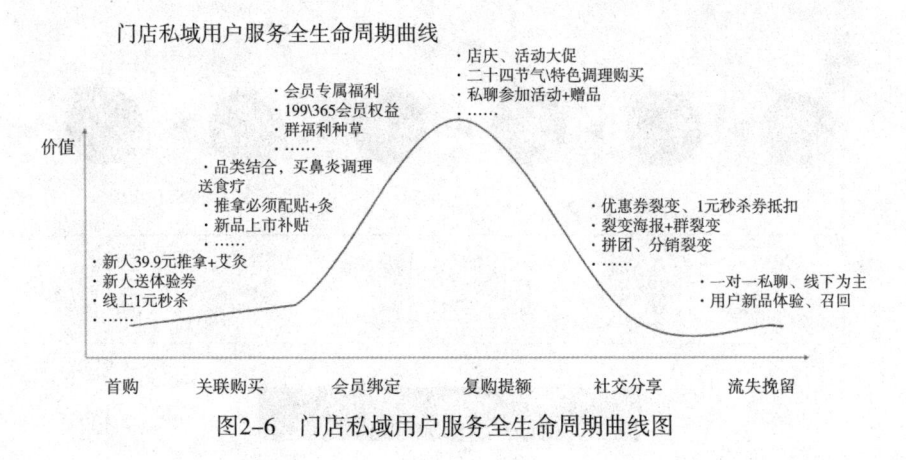

第二章 体系搭建：打造产品、流量、转化系统

门店私域用户服务全生命周期曲线

价值

- 新人39.9元推拿+艾灸
- 新人送体验券
- 线上1元秒杀
- ……

- 品类结合，买鼻炎调理送食疗
- 推拿必须配贴+灸
- 新品上市补贴

- 会员专属福利
- 199\365会员权益
- 群福利种草

- 店庆、活动大促
- 二十四节气\特色调理购买
- 私聊参加活动+赠品

- 优惠券裂变、1元秒杀抵扣
- 裂变海报+群裂变
- 拼团、分销裂变
- ……

- 一对一私聊、线下为主
- 用户新品体验、召回

首购　　关联购买　　会员绑定　　复购提额　　社交分享　　流失挽留

图2-6　门店私域用户服务全生命周期曲线图

商业是价值的交换，门店只有持续给会员贡献价值，才能获取顾客长期的信任及购买行为。

以小儿推拿门店为例，基于小儿推拿门店的业务特征，顾客在0~6岁这个年龄段来门店调理的频次较高，顾客6岁以后来门店做推拿的情况会越来越少。因此，门店要设计后端的特色专科项目，比如鼻炎调理、助长增高、近视防护等，完善小儿推拿门店的产品体系，满足6岁以上顾客的需求。延长服务同一顾客的时长，就可以极大地提升顾客的价值。

2. 门店用户旅程设计

什么是用户旅程设计？就是一个顾客从接触门店、进入门店到离开门店的一系列动作流程的设计。从顾客进入门店到离开门店的整个过程中的每一个触点，都会影响顾客的情绪与成交结果，所以进行顾客旅程设计就变得非常重要了。顾客在门店体验的整体流程如下。

看到门店→进入门店→挑选产品（服务）→沟通了解→结算支付时→结算支付后→离店消费。

以小儿推拿门店用户旅程设计为例（见图2-7），可以在每个流程环节收集重点数据信息，观察客户的反应和需要。

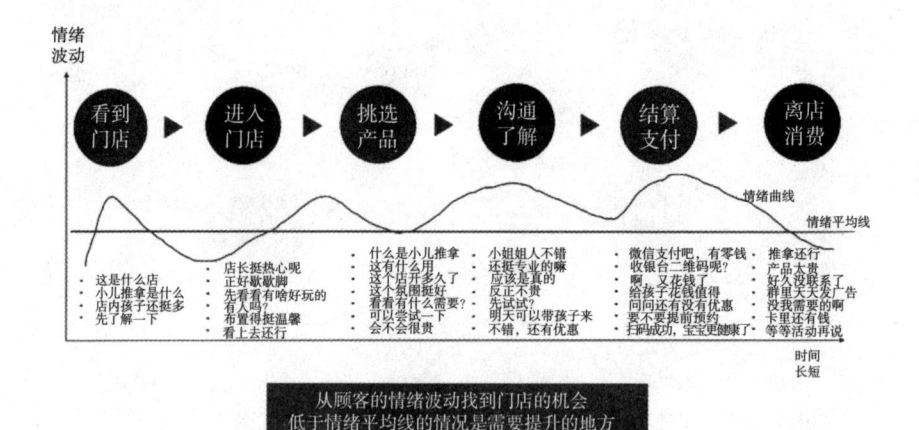

图2-7 小儿推拿门店用户旅程设计

梳理出这个旅程后,我们就可以对顾客在每个门店触点环节的想法、情绪、痛点、期望等进行整体的调查及了解,找到门店持续提升的机会点。

门店要正确认知顾客的情绪点、痛点及期望点,这也是门店真正需要持续优化的地方。这里藏着真正的"金子",门店应该持续挖掘。

门店用户旅程的设计:可以通过调查问卷或观察顾客行踪的方式来获取行为数据,了解顾客对什么最感兴趣,并以此为决策重点推荐,打造精准的用户旅程,提升用户满意度及转化率。

设计私域产品系统:以小儿推拿产品为例

小儿推拿门店究竟卖的是什么

这个问题的答案似乎显而易见,小儿推拿店不就是给孩子做推拿的吗?这个问题看似简单,却饱含深意。

通常来说，观察一个餐馆的生意好坏，要看翻台率，因为生意的周转速度决定了经营状况。对于小儿推拿门店来说，一个技术老师一天接待的顾客数量是有限的，这就决定了门店在一天内的营收是有上限的。由此可知，卖小儿推拿就是在卖时间，时间有限，难以扩展，因此卖时间算不上是好生意。

那么，小儿推拿门店究竟要卖什么呢？答案的核心就是不要被"儿推"这两个字限制。

小儿推拿是一项很好的技术，可是技术之外还应该有配套的产品体系，比如饮食搭配、体质调理等。小儿推拿只是解决孩子健康问题的一种方式，只做推拿，相对单一，门店应该适当搭配其他调理方案，比如食疗、艾灸、泡浴、熏蒸等。从单纯的卖推拿时间到"小儿推拿 + 系统解决方案"的升级，便能丰富小儿推拿门店的产品体系，从而大大提升门店的营收上限。

小儿推拿门店的小美医生在行业内首先提出了"一体两翼"的产品体系（见图2-8）：以小儿推拿为"一体"，以艾灸、熏蒸、食疗等特色疗法及鼻炎、近视等特色项目为"两翼"。

小儿推拿"一体两翼"产品模型
一体为基础调理，两翼为配合方案

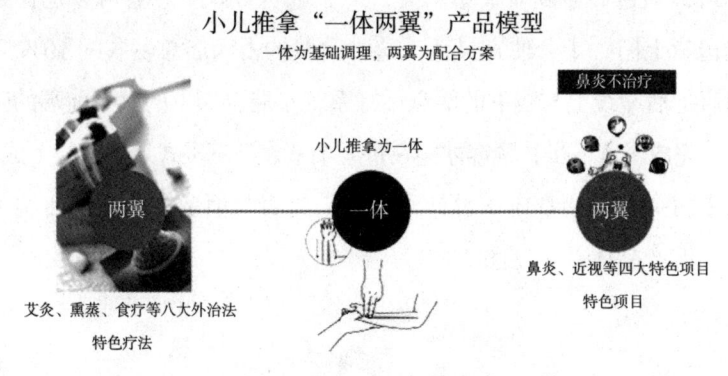

两翼　　　　　　一体　　　　　　两翼

艾灸、熏蒸、食疗等八大外治法　　　　　　鼻炎、近视等四大特色项目
　　特色疗法　　　　　　　　　　　　　　　　特色项目

图2-8　小儿推拿"一体两翼"产品模型

小儿推拿可以看作基础调理与引流产品，将特色疗法及特色项目作为升级调理及利润产品。

一体两翼相互搭配，增强调理效果，提升营收。

31

小儿推拿门店营收来源搭建

小儿推拿门店要做系统的营收设计。

小儿推拿门店营收的大致来源可分为以下三种。

1. 店内消费

店内消费以小儿推拿卡项为主,升级特色疗法,比如艾灸、熏蒸等;同时,搭配调理体质的产品套餐,进行配合调理。这种消费占门店总营收的60%~70%。

2. 外卖产品

该种消费内容以产品套餐为主,可以随时打包带走,方便顾客居家调理使用,同时附赠门店的体验券、优惠券等。这些消费券可以在后期带动门店卡项消费。这种消费占门店总营收的20%~30%。

3. 商城产品

商城产品指的是门店自建商城、微信商城或者小程序商城,顾客如有需要,可以通过商城随时下单购买,对于取货方式,顾客可以选择到门店自提或送货上门,十分便宜灵活。这种消费约占门店总营收的10%。

门店把后端线上与线下的触点做好系统布局,剩下的就是前端的引流与体验了,完成了这一步,顾客才能在每一个节点都沉浸式地"体验+成交"。

未来每一个门店都应该设计"到店+离店"消费(外卖+商城)的立体式多维度产品体系(见图2-9)。

图2-9 餐饮门店产品体系

小儿推拿门店产品分类

1. 实物产品

小儿推拿门店的实物产品分为内服及外用产品，内服产品如常见的益生菌、膏方等产品；外用产品如泡浴类、熏蒸类、艾灸类、药贴类产品等。

2. 服务产品

基本上以卡项为主，比如月卡、季卡、暑期卡、二十四节气卡、年卡等以时间周期为主的卡项；还有诸如增高、鼻炎调理、眼睛护理等特色卡项；最常见的是以次数为依据的次卡等。

3. 虚拟产品

虚拟产品以音频、短视频等为主，比如线上课程、福利群、线下沙龙会门票等知识传播类、顾客教育类产品。

4. 权益产品

（1）积分产品。主要是指做任务得积分，兑换现金或产品。

（2）券系列产品。如新人首单体验券、活动满减券、节点折扣券等。

此外，还有会员专享的抽奖、拼单、秒杀、返现等。

如何做好离店消费

1. 线上线下联动

利用线上及线下的各种触点，将顾客引流至门店微信，然后给顾客打标签。顾客来自哪个渠道？如加微信时间、调理偏好、身体体质、消费偏好等，只有从多个维度标注好顾客的消费习惯，才能在消费过程中推荐更适合顾客的产品或服务。

2. 顾客的培育及好物推荐

用户激活是指通过激活策略，让沉默用户、陌生用户与你再次建立联系，比如领取一个干货资料、进了你的免费群、给你点了个赞等。用户培育是指用户从陌生人到逐步变成你的核心用户的过程。在这个过程中，要重点关注三个问题：如何与对方建立信任关系，如何进行情感维护，如何逐步转化更高阶的产品。

顾客的培育方式具体如表2-1所示。

表2-1 顾客的培育方式

一、建立你的精准客户标准			
	你服务的是什么客户	为他们提供的是什么产品	能够解决他们的什么问题	如何收费以及交付
客户类型	宝爸、宝妈（买单者）及宝宝（消费者）	为他们提供小儿推拿、艾灸、熏蒸等调理方案，以及近视养护、鼻炎调理等特色调理项目	解决育儿过程中的食疗养护、儿童常见病调理及慢性病的调养难题	小儿推拿按照次数或者卡项收费，慢性病调理则是以套盒或者疗程收费

二、建立你的客户基础标签体系			
说明： 1.建立你的基础客户备注标签体系（在客户昵称前的备注），基础分类为A/B/C/D； 2.客户类型是指你的什么客户标注为A、什么客户标注为B，比如按照客户的购买次数，未购买的、新客户标注为A，购买过低客单的客户标注为B，经常复购的客户标注为C，购买超过20次的客户标注为D（超级客户）			
标签类型	A	B＞200元	C（500~2 000元）	D＞2 000元
用户类型	A1新加的客户 A2新加沟通过的客户 A3新加沟通过的有意向的客户	B1购买过首单的客户 B2购买过小客单价调理的客户 B3购买过产品的客户	C1持续复购的客户 C2持续复购且转介绍的客户	D1门店超级用户（储值卡） D2门店年卡用户（＞5 000元）

三、建立你的客户激活方法			
说明：列举出你能够给你的客户提供的激活联系或互动关系的方法，比如你会准备什么样的礼品、福利？我们提问、求帮助是为了与客户之间建立起更好的互动关系			
激活类型	送礼物	提问题	求帮助	解困惑

续表

具体方法	1.新人首单消费券，常用免费推拿或者免费检查的由头引发 2.活动伴手礼，比如玩具或者以节气为主的家用调理产品，如冬季泡浴桶 3.节假日的鲜花、蛋糕	1.今天天气变冷，亲们注意保暖了吗 2.求助于二手置换群 3.大家喜欢什么样的活动礼品	1.首条朋友圈求赞 2.帮忙转发朋友圈 3.宝妈求助信息帮忙解决	1.宝宝饮食方面的困惑 2.节气调理注意事项 3.节点调理方案
四、建立你的用户培育流程					

说明：1.通过与客户建立每日、每周、每月、每季度的互动关系，激发客户的首次购买、复购以及转介绍裂变的行为，让客户从A变成D；2.将每日、每周、每月、每季度的行动清单细化为可量化执行的动作；3.以下内容可以作为参考，你也可以思考你在每日、每周、每月以及每季度要用什么方法与你的客户持续培养连接关系

培育节点	每日	每周	每月	每季度
你的行动	1.点赞：每天晚上9点，从头到尾给宝妈点赞 2.评论：每天与10人评论 3.私信：每天与10人私聊 4.贡献价值：每天至少给3人贡献价值，包括解答问题、咨询等，形成价值传递	1.朋友圈激活：每周至少发一条引导客户点赞送福利的朋友圈、朋友圈竞猜游戏等 2.小型的针对性优惠：针对A/B客户，每周拿出一款产品做活动，私信引导	1.私信激活：每个月给所有客户做一次小型的群活动，不需要太复杂，拿出5~6款产品作为福利即可 2.中型促销活动：每2个月设置一次快闪秒杀节这类中型短期促销活动，提前了解顾客的卡项消耗周期	1.大型促销活动：每个季度做一次年度主题活动，比如春季助长、夏季冬病夏治、秋季鼻炎季、冬季固本季等 2.裂变增长活动：每个季度做一次加粉、增长活动

小儿推拿门店618活动全案

接下来，以一个快闪群的私域爆单营销案例来展示怎么做好门店私域成交活动。

35

门店私域物料、套餐设计、活动节点设计

私域物料包括线上宣发物料和线下展示物料。

线上宣发物料以"朋友圈预热物料+群成交套餐物料"为主,每场至少需要10张宣传图片。以下展示的是小美医生618宣传海报(见图2-10),这些海报一般都用于线上宣传,需要在活动正式开始前的一定时间内设计好并投入使用,达到引流、发酵预热的效果。

图2-10 小美医生618宣传海报

线下展示物料以吸引客户在店内充值为目的和功能,可以做实物的展架海报或者互动活动,比如红包墙、砸金蛋(见图2-11)等。

图2-11 小美医生618门店砸金蛋活动现场

套餐设计以线上小套餐设计、产品套餐及线下储值活动为主。

套餐设计要符合五级产品体系，即必须有引流品、黏性品、利润品、赠送品和超高品等。

1. 物料设计

（1）线上物料设计，例如小美医生618线上海报设计（见图2-12）。

图2-12　小美医生618线上海报设计

（2）线下活动物料，如儿童保暖水杯（见图2-13）、夏季防蚊手环（见图2-14）、防暑香囊（见图2-15）。

图2-13　儿童保暖水杯　　图2-14　夏季防蚊手环

图2-15　防暑香囊

2. 活动套餐设计

（1）五级产品套餐设计

引流品：以引发新流量为目的，以新人首单优惠券、随手礼或者低价格高价值的服务为主。

黏性品：以锁客、与顾客持续多触点交互为主。小儿推拿店常用以12次节气调理或者365天调理为主的套餐。

利润品：以高利润产品或者套餐为主，尤其以特色调理为主，比如鼻炎调理、近视调理、益智增高调理等。

赠送品：以超级增值服务或者产品为主。比如赠送体验、加入VIP享受相应的特价或资格等。

超高品：主要是以年卡或者套盒为主的套餐。

（2）618套餐设计话术

秒杀专场、返场活动、特惠专场、特色专场、全面防护。

618年中大促，五大专场，20多种产品，满足你的一切想象。

618活动套餐方案设计话术（见表2-2）。

表2-2 618活动套餐方案设计话术

秒杀专场	1元秒杀（美小九、双王盖、金浴汤等）
	产品秒杀（选3~5款产品）每组2盒/瓶
返场活动	39.9元5柱艾灸、1次推拿送39.9元三伏贴抵扣券
特惠专场	体质调理包（脾胃、呼吸）：五彩灸1盒+三位一体3次+200元食疗方
	清凉一夏套餐：2盒清玉膏+2盒清火方+2盒清肺方
特色专场	暑期护眼套装：买5盒叶黄素送5盒眼贴
	鼻炎套餐5次
	特色艾灸五彩灸5盒
返场活动	买三伏贴送五彩灸代金券100元（三伏贴最后返场）
全面防护	半年卡
	鼻炎调理套盒

（3）价格体系设计

让客户完成首单购买非常重要。只要客户购买了一次，门店就可以有更多的理由在后期给客户提供超级价值和惊喜，从而使客户留下深刻印象。通过这次的首单购买，客户也对门店建立了信任，那么在今后的消费过程中信任度也会不断升级，最终该客户就很有可能成为门店的忠实顾客、终生顾客。

一般来说，价值越高，价格越高。先通过引流产品将客户引流至私域，吸引客户，并通过后续的超值体验，让客户感觉物超所值，门店就能持续获得客户的信任。

针对小儿推拿行业来讲，推拿消耗的是时间，而时间是不可再生的资源，也是一个调理师最重要的资源。因此，在小儿推拿门店的产品价格体系的设计上也要有这方面的考量（见图2-16）。

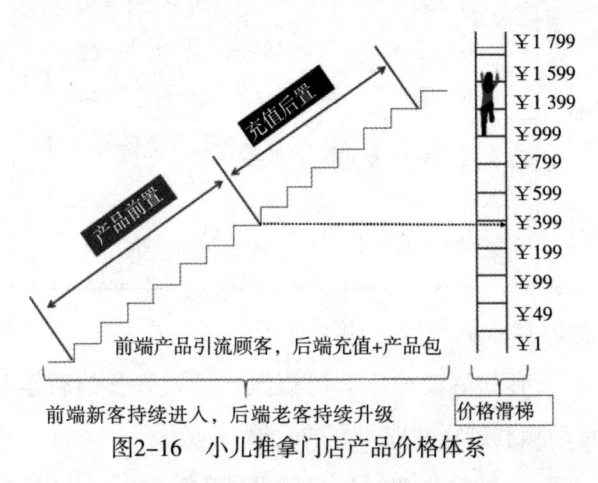

图2-16 小儿推拿门店产品价格体系

所以，我们提出产品前置，推拿后置。产品可以无限量生产，在单位时间内没有上限。但是，一天的推拿时间是有限的，不可再生，所以用它作为利润产品。同时，店员、店长、技术负责人的时间成本都不同，收费也应该不同。

3. 活动节点设计

以618活动的推进过程为例，活动节点设计要将售前、售中和售后每个环节的内容和动作细化到可操作的带有具体时间安排的程度（见表2-3），大体上来说就是：

（1）13日，预热活动；

（2）14日，开始1元进群+裂变（晚上建群）；

（3）15日至16日，群内节点式发福利（培养顾客学会发专属红包，学会接龙）；

（4）16日晚上，正式开始活动（提前准备好活动话术与图片）；

（5）17日，推第二波活动（提前准备）；

（6）18日，线下红包墙活动（店内储值）。

表2-3 活动节点设计

时间节点	售前动作	售中氛围	售后追销
1~2天的售前动作	激活用户	烘托氛围（氛围组）	宣布结束
	输出干货	互动游戏、红包	
第2天晚上8:00活动	引发好奇	产品介绍	实时更新发货进度
	客户见证	第一款39.9产品秒杀	
第3天"返场+秒杀"	拼团预告	再次红包烘托、送福利	用户群内反馈
	发布活动群二维码	第二款产品拼单接龙+晒单红包	
第4天"追销+发货"	评论前2天的文案	库存更新、倒计时	预告下期活动

做活动就像打一场战役，用《孙子兵法》中的一个词来概括，就是"谋而后动"。所有的活动都应该提前做好策划筹备的动作（见表2-4），这样才能让活动顺利进行并取得好的效果。

表2-4 活动策划筹备

\multicolumn{3}{c}{先胜而后战，谋而后动}
1	人员准备	群主、群助理（收单、流程）、氛围组
2	套餐设计	套餐阶梯设计、套餐活动图
3	话术设计	套餐塑造话术、产品介绍、客户见证
4	订单统计	统计订单，实时更新套餐
5	流程把握	流程节奏的设计及把握
6	复盘	查漏补缺，不断优化
7	循环发售活动	再次发售主题活动

多门店启动必做的七个任务

成功的动员大会是私域活动成功的基础。

首先，要想让每个人的目标都达成，一定要先制定好整体的活动目标，再对个人的目标进行分解；其次，团队士气至关重要，因为"一鼓作气，再而衰，三而竭"；最后，个人目标的达成在于团队的信念、奖惩制度约定、明确动作、全员公众宣誓等。

1. 任务一：全员通知@××人

【通知模板】

亲们，我们的618活动今天晚上召开启动大会！

本次大会对每个人都关系重大，我们会给大家安排任务，宣读活动流程，制定活动奖励政策，错过就会错过1个亿。

时间：2022年6月10日晚上8点

地点：本群

人员：全部人员

2. 任务二：每个人进行自我介绍

【通知模板】

昵称；门店号；取得过的最好成绩；目前急需解决的问题；这次活动的业绩目标等。

3. 任务三：明确活动目标及宣告本次活动的重要性

（1）了解、测试如何做线上成交。

（2）学习最基础的朋友圈预热方法，一对一私信，群成交。

（3）了解一个活动从设计到实施的具体步骤。

（4）了解群发售的威力。

（5）熟悉流程，为以后做活动打基础。

4. 任务四：介绍活动的流程及关键节点

把整体的活动流程做进一步讲解，尤其是各个重要触点。比如如何裂变、如何做会员邀约、提前定好氛围组等。

5. 任务五：讲解活动的奖惩规则

关于活动的奖励，可以通过组建奖金池来实现，这些奖金用来奖励成交金额排在前几名的门店，原则上，成交的客户数量越多，奖励越大。关于这部分的讲解非常重要，因为人们往往需要一定的激励措施，才能更好地冲击目标。如果没有讲清楚活动任务及奖惩规则，活动效果就会大打折扣。

6. 任务六：介绍本场助教团队

由助教团队一一下达指令，协助大家完成本场任务。

【文案】

好了，接下来我给大家讲一下，本次活动由××来主理，××老师配合活动的整体流程，我们的图片设计由总部老师、江西×总，四川×总协助。希望能够帮助大家把这场活动做好、做透，做出高度，每个人实现的交易额都能破万元。

7. 任务七：所有人进行宣誓

【宣誓文案】

我宣誓，本次618活动，势必破万！

以小美医生618活动的微信群内宣誓环节为例（见图2-17），可以看出宣誓环节的形式是非常统一的，能营造一种整齐划一且热血沸腾的氛围，起到鼓舞士气、振奋人心的作用。

图2-17　小美医生618活动群内动员图

话术级快闪群活动 SOP

快闪群一般都是由活动发起人先将一些新客户拉群，再邀请一直支持的老客户加群。

快闪群可以每隔一段时间做循环发售。在这个过程中，针对用户不断升级快闪群的内容及玩法（升级产品，让用户沿着价值阶梯攀升，给用户提供更高、更大的价值），就能形成一个正向循环，其流程大致如下。

引流→建立快闪群→持续进化→持续引流→持续建快闪群→快闪群的**持续进化**

需要提前设计朋友圈剧本，就像导演拍戏一样，知道每个动作能够带来什么样的舞台效果，以便激活与筛选用户。因为只有找到与产品价值匹配的客户，才能在接下来的营销动作中戳中客户需求，达到满意的结果。

此外，预热和筛选还需要配合 1 对 1 私聊，才能保证筛选出更多、更精准的意向用户。朋友圈剧本的设计要符合顾客的需求、筛选意向消费、引导顾客的点赞与评论等。

快闪群是一个成交场，群的互动激活和节奏感氛围的营造对最后的成交结果发挥着非常重要的作用。

接下来，我们以小儿推拿门店 618 年中大促活动为例，拆解一下"朋友圈剧本+快闪群"发售模式的具体实施细节（见表 2-5）。

表2-5 "朋友圈剧本+快闪群"发售模式实施表

项目一：预热、造势→朋友圈剧本。朋友圈只是一种宣发，朋友圈初期多门店担心没人看朋友圈，没人回复，其实这些都是正常现象。朋友圈是一种宣发与展示（不一定要有互动），是非常重要的传播方式，一般预热造势需要持续3~5天（以下时间仅供参考，具体可自行调整）

序号	任务	讲解	文案内容	评论区	发布时间	配图
第1天	任务1	用户需要持续激活互动，门店要定期坚持做顾客的激活动作，才能保证顾客持续关注门店并配合活动	618搞事情，提前关注，下周启动 最近好多亲们都在向小美医生618有什么活动？今年新玩法评论区留言告诉我，我去跟老板申请！ 活动1：产品秒杀活动； 活动2：特色调理活动； 活动3：三伏艾灸活动	大家想要什么福利，可以提前告诉我哦，我来向总部申请支持 已经给大家向总部申请了一部分福利，若大家还有想要的活动，紧告诉我哦，抓得，倾其所有啊	6月10日 9：00	搞事情 配图
	任务2	与顾客持续互动	哇，没想到大家对小美医生618活动这么期待。最多人想要参与的活动居然是它！不知道是不是你最想要的福利呢？点赞超过50人，小美老师这去就去跟老板申请重磅优惠！能不能搞到大优惠，就看你们的了	大家的热情小美老师都看到啦！速度都杠杠的（"大拇指"表情图标）	6月11日 11：00	活动专用图
	任务3	1元来做顾客筛选	亲们，今年新玩法，618活动，大家点赞日支付1元即可进群抢福利，1元可以当作10元抵扣券使用，抵扣任何产品哦。618年中购物没有过错，不可错过！抓紧来吧	没想到有这么多人期待我们的618活动。群人数有限，大家抓紧预订	6月11日 14：00	支付1元得膨胀金

44

第二章 体系搭建：打造产品、流量、转化系统

续表

序号	任务	讲解	文案内容	评论区	发布时间	配图
项目一：预热、造势→朋友圈剧本。朋友圈只是一种宣发，活动初期朋友圈多门店担心没人看朋友圈，没人回复，其实这些都是正常现象。朋友圈是一种宣发与展示（不一定要有互动），是非常重要的传播方式，一般预热造势需持续3~5天（以下时间仅供参考，具体可自行调整）						
	任务4	持续刺激下单	亲们，这次618活动全国都在争取资源，时间紧张，只申请到60个福利名额，手快有手慢无，支付给我1元抵扣10元的机会只在线上618，抓紧预约名额哦	大家中午都在预约名额，可见大家的热情。现在只剩下不到20位伙伴啦，年中最大机会，抓紧来抢	6月11日 16:00	支付1元得膨胀金
	任务5	持续刺激下单	亲们，经过一上午的时间很快就有50多位伙伴预订了618福利，还有最后不到10个名额，提前预约，我会加你进群，提前抢福利	又有几位宝宝预约了哦，名额越来越小，大家预订起来	6月11日 18:00	
第2天	任务7	朋友圈裂变。设计一个奖励机制，让顾客在朋友圈持续裂变会员。1.自己发朋友圈，提醒顾客转发；2.直接邀请顾客转发，配文案+图片	618福利超级大，今年我们额外给宝宝们准备了更多玩具，朋友圈转发下图到朋友圈，今晚8点群内免费抢福利大礼包；不见不散	亲们，转发图文+9个赞找我领取一个小礼物	6月11日 19:00	裂变海报

45

续表

项目二：会员群及私信一对一成交。会员群与一对一的方式可以直接成交顾客，这两种方式是常用的成交场景，所以从朋友圈到群的热度会持续升温，要塑造更浓厚的活动气氛（以下时间仅供参考，具体可自行调整）

序号	任务	讲解	文案内容	评论区	发布时间	配图
1	任务1	老会员群通知	亲们，618年中嗨购福利节即将启动。但不是在本群哦，我们会单独建一个快闪群来玩，同时大家需要支付我1元，可以当作10块钱用哦，朋友圈里已经有50多个人参加了，咱们群里拿到30个名额，大家直接给我发专属红包就好了，接龙报名，邀请大家进新群		6月12日 在会员群通知	
2	任务2	微信私信一对一通知	亲爱的小美宝宝们，小美医生618活动即将开始，各种福利等你来拿！五大特色专场，福利超级多，还有1个小时就要开始秒杀团了！回复：进群。我邀请你进群啦		6月12日 一对一私信	
3	任务3	求助式发售可以激活顾客，如果发福利，可以给顾客一个无风险承诺	亲，好久不见，我是小美医生门店的调理老师××，现在我们发起了618线上午已经预订了50多份了！现在已经不多了，支付1元当作10元花，如果没有需要的东西我们还会把1元返还给您，如果参加请回复：1。我拉您进群，为家人健康，给您预留一份		6月12日 对模式顾客寻求帮助	
4	任务4	群裂变的效果会更直接，直接利益刺激老顾客拉新就可以了	各位宝爸宝妈们，如果您身边有需要我们的人，或者是有向您咨询过的人，都可以邀请进群里：1.邀请三位宝妈进群，可获得价值49元的益生菌体验装一盒。2.当天邀请人数第1名的奖品为价值159元的益生菌1盒；第2名的奖品为价值128元的三位一体系统推荐1次；第3名的奖品为价值68元的紫草油1瓶。私发邀请进群，截图给群主哦		6月12日 下午 直接群裂变	

46

续表

序号	任务	讲解	文案内容	评论区	发布时间	配图
项目三：快闪群批量发售。根据经验，可以在做快闪群后，用1~2天的时间训练群成员学会发"专属红包+接龙"，提前造势，持续把高潮推进到16日、17日，用2天的时间发售，18号当天做线下活动
1	任务1	红包开场刺激群氛围	小美医生618年中福利嗨购节，倒计时6小时！红包雨开始了，抓紧进群抢福利！也可以邀请闺密晚上一起来抢红包，抢福利	建群后追评前期的点赞、互动的文案		
2	任务2	持续刺激让顾客关注群	亲爱的小美宝宝们，大家晚上好！我是小美医生××门店店长××，我们的618年中福利嗨购节马上就开始啦！在的扣1，家发红包哦，重要的事情说三遍！！本群置顶！本群置顶！！本群置顶！！！不然真的能错过一个亿	提前跟气氛组做好沟通，在群内适时地互动		
3	任务3	群裂变一定要让宝妈加上个人微信，不然流量白白流失	群公告@所有人亲们，所有人加我微信哦，今天所有福利仅给加我微信的宝宝们，令天都没有的，线下也限今晚，仅限本群			
4	任务4	持续炒热群氛围	亲们，接下来我要给大家发第一轮福利了，在的扣1，有几个，发几个，秒杀福利。好了，接下来我们秒杀益生菌体验装10盒。手快有，手慢无，大家抢到红包就转账，3分钟时间，过时不候	有10个就发1元10盒，抢到红包的，转账1元	6月16日晚上8点启动，10点之前结束，不要超过2个小时，避免顾客疲惫的情况	红包+1元秒杀炒热群聊

47

续表

项目三：快闪群批量发售。根据经验，可以在做快闪群后，用1~2天的时间训练成员学会发"专属红包+接龙"，提前造势，持续把高潮推进到16日、17日，用2天时间发售，18号当天做线下活动

序号	任务	讲解	文案内容	评论区	发布时间	配图
5	任务5	开启第一个套餐秒杀	接下来给大家介绍一下首个618福利内容，推荐！5柱+推拿1次+39.9元三伏贴福利券，仅限本群主微信下单，打款为准。添加群主微信下单，下单后群员在今晚，错过就亏大了【接龙】。活动只数量有限！大家抓紧时间啦	推送提前设计好的套餐		配套图
6	任务6	秒杀与套餐一波一波地推荐	产品价值塑造+顾客见证+群专属红包+群接龙	推送提前设计好的套餐		配套图
7	任务7	注意群肉活动的节奏，避免因拖沓导致顾客疲意，以免顾客要太快，以免注意力跟不上	【活动进度播报】短短30分钟，订单量已经突破100单啦！还有不少宝宝同时参与多个活动，618年中嗨购活动1年仅有1次，错过了要等明年！剩余购数量不多了！大家抓紧时间啦！限时2天，卖完活动随时结束啦	顾客订单截图（气氛组带头晒订单截图）	6月16日晚上8点启动，10点之前结束，不要超过2个小时，避免顾客疲惫的情况	破100单恭喜海报
8	任务8	将活动时长控制在1个半小时到2小时之间，不宜过长	【活动进度播报】最后1小时啦！抓紧时间啦！手慢无！最后10分钟！最后10分钟！还未添加【群主】的请添加一下	预告下期		贯穿倒计时环节，不断刺激顾客
9	任务9	将活动时长控制在1个半小时到2小时之间，不宜过长	按照第一天的进度，再来一次	预告下期		贯穿倒计时环节，不断刺激顾客

第二章 体系搭建：打造产品、流量、转化系统

续表

序号	任务	讲解	文案内容	评论区	发布时间	配图
项目四：追售活动。活动后要及时对犹豫的顾客进行持续追售，并且及时在群内晒顾客调理的场景，再次吸引顾客下单或者来门店咨询沟通。
1	任务1	提领进度	门店刚开门，昨天下单的朋友，已经陆续到店里来取货了 已经下单的小伙伴可以到门店提领了哦，货量充足，随时都可以到店兑换哦		用户到店取货图片/视频（门店回传相关素材） 用户到店取货图片+门店堆头（门店及时回传相关素材）	
2	任务2	用户反馈	真实评价！看来大家真的大有爱了，感谢宝宝们对我们活动的大力支持，现在还有2个返场福利，要的私信我 来自小美宝妈的真实测评，活动福利超值超甜蜜，走过路过不要错过	线上私信、电话沟通、线下见面等全面追单	老顾客的好评反馈截图 老顾客的好评反馈截图	
3	任务3	宣告结束	活动结束啦。已下单还没接龙的宝宝们可以再接龙一下！感谢大家的大力支持，一会儿给大家发红包，接龙后领完红包就可以退群了，该群为临时活动群，稍后也会解散掉。再次感谢大家！大家也可以添加我们的宠粉福利群，我们会不定时地在群里发福利哦		结束海报+红包雨+宠粉群二维码	

49

1. 门店私域活动爆单

在门店私域活动爆单的过程中，最主要的有三点：活动套餐设计、营造活动及成交氛围、标准化流程执行。

（1）活动套餐设计。主要包括套餐内容设计、套餐文案设计、套餐图片设计。套餐的设计要符合顾客的心理预期，活动前务必要在对顾客需求的调研上做足功课，这一点至关重要。

（2）营造活动及成交氛围。做活动前，自己一定要先兴奋起来，定好氛围组，带动顾客，让其兴奋与冲动起来，尤其是在讲解完套餐后要开启成交的关键节点时，更需要氛围组带动一部分顾客往前冲。门店运营者一定要清楚，顾客的下单情绪需要我们来影响和带动。如果门店运营者自己都不够兴奋，那必然很难带动顾客的购买情绪，活动的预期也就可想而知。

（3）标准化流程执行。强执行是活动成功的充分条件。在管理中很重要的一个共识就是"员工只做考核的事情"。因此，在活动执行落地的过程中必须要做考核。同时，也要设计好奖励机制，以充分调动执行人员的积极性。

在具体的考核体系设计和奖励机制设计上，我们可以参考门店的PK积分考核（见表2-6），以及门店的PK奖励机制（见表2-7）。

表2-6　门店PK积分考核体系

项目	时间	考核标准	达成	超额	未达成
进群量	2~9号客期间	每个导购每天进群数不低于9个	得5分	每超2个得1分	扣1分
新增好友量	2~9号客期间	每个导购加成功好友数不低于20个；（每日依次完成5、7、8）	得5分	每超4个得1分	扣1分
自建群人数	2~9号客期间	导购自建群拉人，群内不低于300人；（每日依次完成100、100、100人）	得5分		

续表

PK积分考核体系					
项目	时间	考核标准	达成	超额	未达成
成交99权益卡数量	2~9号客期间	集中爆破售卡期间，不低于5张	得10分	每超一张得2分	少一张扣2分
朋友圈转发	2~9号客期间	每日9点、12点、18点三次	每次1分		未达成扣1分

表2-7 门店PK奖励机制

门店	组别	人数	2日		3日		4日		5日		6日		7日	
			积分	奖励	积分	奖励	积分	奖励	积分	奖励	积分	奖励	积分	奖励
乐山	1组	6												
乐山	2组	6												
江西	3组	4												
江西	4组	4												
陕西	5组	6												
陕西	6组	5												
临沂	7组	5												
临沂	8组	6												
吉林	9组	7												
吉林	10组	5												

备注：1.每日按积分情况给予奖励，达成基础分28分，给予小组红包50元，每超1分1元，超50分封顶。

2.每个门店拿出费用100元，运营中心拿出1000元，进行PK。

2. 活动的复盘

每场活动结束后，都要对活动的方方面面进行复盘，总结经验，扬长避短，在完善这场活动的同时，也为下一场活动的顺利进行做好准备。

（1）数据复盘。统计全场的积分和数据，方便做好奖惩。

（2）流程复盘。对活动流程设计 SOP、朋友圈 SOP、群 SOP、启动大会及激励 SOP 进行整体的复盘。

（3）不足复盘。对活动中出现的配合不足、筹备不足等问题进行盘点，方便下次持续优化。

（4）心态复盘。其实大部分门店做活动，做的都是心态，尤其是做线上活动，大家相对比较陌生，出现问题的时候也相对比较多。如果门店信心不足，在执行过程中一旦遇到问题就会想放弃，所以带活动就是带团队、带氛围、带信心。每场活动结束后，我们都要对自己的心态进行复盘，以最好的心态做活动，才能取得更好的结果。

（5）奖励公布。公布奖励是对优秀者的承诺兑现，也更能激励参与人员的积极性。

（6）战绩海报。我们之所以要做战绩海报，一是为了鼓励团队继续努力；二是为了让围观的人们看到我们的活动成果，在宣传品牌的同时进一步造势，以争取更多的成交。

第二章

私域运营：如何打造高黏性私域社群

社群运营5大坑，为什么你的社群不活跃

零售行业中的商品流通由信息流、资金流和物流（"三流"）组成。

门店通过在货架摆放实物，向顾客展示商品，这是向顾客传递商品的信息，是商品的信息流。

顾客决定购买后，到收银处付款，即把钱支付给门店，这是资金流。

门店帮顾客把商品打好包，再由顾客自己带走，这是商品的物流。当然，非实物流通的服务行业是不需要物流的。

信息流、资金流和物流构成了商品交易和流通的完整闭环。

传统零售门店的信息流、资金流和物流是"三流"合一的，而电商颠覆了这个传统的现场交易模式，把信息流、资金流和物流分开，让这"三流"各自运行。

物流交给专业的快递公司；资金流交给第三方支付公司；信息流由平台商负责，零售商入驻到平台上，做好自己的商品信息展示，平台发展顾客，将商户的商品信息传递给顾客，实现了非现场交易。

电商行业里商品的信息流，从线下实体店展柜上的实物中解放出来，变成了平台上的图片、文字和视频，实现了网上传递，快速地将商品信息传递给客户，让客户实现了网上购物。

电商凭借信息传递成本低、速度快、效率高等优点，分走了实体店的客流，这是实体店客流的第一次被抢。

接下来，一部分人进一步让商品的信息流从平台脱离出来，在微信等社交软件上传递，主动沿着社交关系脉络去找有需求的客户进行成交，这就是社交电商。

传统电商是人们有了明确的商品需求后，打开计算机或手机进行搜索，寻找适合自己的商品。这时候，电商平台会将适配的商品用图文或视频信息的方式展示给消费者，供消费者选择。也就是说，先有客户搜索，后有商品的展示，商品是被搜索出来的，信息的展示是被动的，即"需求—触点—购买"模式。

社交电商的商品交易则完全不同。它在同客户形成关系链的基础上，主动挖掘客户需求，主动匹配他们的需求，把商品或服务前置性地推送到客户面前，以实现销售的目的。也就是说，还没等客户发起查询和搜索，甚至客户自己还没有觉察到潜在需求的存在时，商品已经主动找上门来了，提醒购买，完成成交，即"触点—需求—购买"模式。

同传统电商相比，社交电商有很大的优越性，它以信息主动传递形成的高效率，抢夺了传统电商和实体门店的客单，间接地让实体门店的客流再次被分走。

电商的到来，分走了门店的一次客流。社交电商的到来，又一次分走了门店的客流。之后，门店的客流一次次不断地被分走（见图3-1），所以实体店到店顾客的持续减少也就不足为奇了。

每经过一次商业技术的迭代，门店流量就会被分走一次
图3-1　实体门店流量蚕食分层示意图

怎么办？引流

面对到店顾客减少的问题，传统门店不断投入成本做活动，用礼品吸

引客户到店，电商平台也在投入补贴吸引客流。竞相投入，让获取客流的成本不断攀升，不断蚕食利润，导致门店的经营越发困难。

有的门店为缓解客流少和成本高的双重压力，尝试做社交电商，把到店客户加到微信里，通过微信做营销活动，让顾客不断地复购，以极低的成本，换取客户的多次购买，提升了利润。

一个典型的案例就是瑞幸咖啡。

2020年5月，瑞幸曾因为造假风波一度退市。当时的CEO郭谨一在私域发力，凭借一系列新人优惠活动，在短短3个月的时间内，新建了9 000多个社群，留存社群用户100多万人；然后，瑞幸组建自己的小程序和App，实现了触底反弹，通过私域用户的口口相传，迅速打开市场。

截至2022年第一季度末，瑞幸已有6 580家门店，私域用户数超千万，社群达3万多个。这些私域用户每天直接贡献3.6万多单，依靠这些私域用户，瑞幸2022年第一季度的净营收达24亿元。

瑞幸的基本玩法见图3-2。

图3-2 瑞幸咖啡引流基本玩法

每个门店的到店用户，先加首席福利官为好友，这样做是为了使门店和用户建立个人连接，把流量变为"留量"；然后，按照门店的LBS位置信息进行拉群，在群中做营销活动。

活动的目的是做老客户的留存和复购，提高触达客户的能力，提高客户的消费频次。通过社群的营销活动，客户的月消费频次提升了近30%。

瑞幸咖啡社群实践的成功在同类实体店行业起到了带头作用，一大批门店纷纷效仿，但是很少有能够做成功的。到底是什么原因导致了这些门店社群营销的失败？门店究竟能不能做社群呢？

门店做社群失败的原因

想要知道一些传统门店把社群做死的原因，还需要弄清楚社交电商的运行原理以及它与传统门店的常规经营模式有什么不同。

社交电商的优越性来自与客户建立的直接连接。这种连接造成了社交电商和传统门店运营模式的完全不同。

1. 盈利模式不同

传统门店的顾客在购买商品后，不会跟门店留下确定的关联信息。下次什么时候来？还来不来？是不明确的。这就迫使门店必须抓住每一次顾客进店的机会，向顾客推销尽可能多的商品，提高单次成交额，赚取一次消费或者服务的费用，而不会考虑复购的可能性。

而社群则是一群彼此产生了连接的人，可以随时触达这些人，随时营销。这就给社群的运营者留下了培育和转化客户的时间和机会，使其可以有计划、分步骤地多次成交客户，深度挖掘客户的价值。其盈利在后端，属于后端盈利模式。

2. 运营目标不同

门店追求的是客户当次的产品销量，其运营目标是销量。社群追求的是客户多次变现，其运营目标是客户满意度。

3. 思维模式不同

由于门店以销量为运营目标，经营者考虑得更多的是如何将产品卖出去，所以其运营的思维是产品思维。社群电商则是以客户满意度为运营目标，其目的在于与客户建立深层次的关系，以延长为客户提供服务的生命周期，也就是说运营的思维是客户思维。

4. 考核指标不同

传统门店和社群运营的目标和盈利模式不同，导致考核的指标也不尽相同：传统门店的考核指标以销量、利润为主，比较简单；而社群运营因为涉及与客户之间的关系，评价标准较为复杂，维度也更多样化，比如基本的进群率、留存率、群活跃度、客户的复购率、客单价等。

5. 销售方式不同

在客户离店后传统门店就与之失去了联系，门店导购只能利用有限的时间和机会快速推销，快速成单。由此，门店的销售取向是推销。

社群则不同。群主同群成员之间通过微信群的形式和场景建立了长期的连接，利用社群做营销，不急于眼前的成单。这样就可以从容地、有计划地培养客户的信任，开展精细化运营，一步一步地转化，从而挖掘出客户的终身价值。所以，社群的销售模式是营销。

做传统门店和做社群是两种不同的运营逻辑，社群是针对人的营销，门店是针对产品的推销。用做门店的推销打法做社群，一建群就推销是行不通的，社群做不起来也是必然的。这就是传统门店转型失败的最主要的原因（见图3-3）。

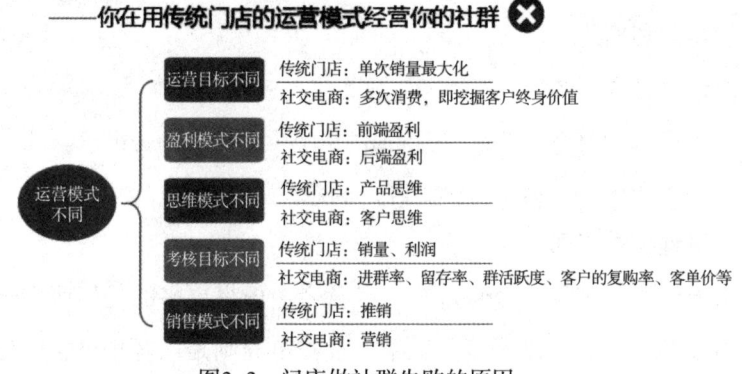

图3-3 门店做社群失败的原因

高活跃、高转化社群模型

首先，我们要明确营销和推销的不同。

（1）营销针对的是人，推销针对的是产品。

（2）营销的目标是影响人的消费行为，推销的目标是做价值交换。

（3）营销是激发客户的潜在需求，推销是超额满足需求。

（4）营销是一条从信任开始培养的流程，是线，推销是一个点。

（5）营销从客户角度出发，是利他的；推销是从商品变现的角度出发，是利己的。

（6）营销是让客户产生购买欲望的过程，推销是推动客户做出购买决策的过程。

（7）推销是更努力地去销售，营销比推销更接近客户本身。

因为自身原因，很多时候门店都是等着顾客上门，然后根据产品进行推销，目前的社交电商则不相同。大部分时候社交电商都会在自己的私域池（尤其是社群）中，针对不同的人群发送不同的内容，从而影响社群好友的心智，达成转化。那么，如何才能把各自的优势发挥出来，达到最佳的运营效果呢？

实践证明，"实体门店＋线上社区＋线上店铺"是传统门店和社群融合的最佳模型结构（见图3-4）。

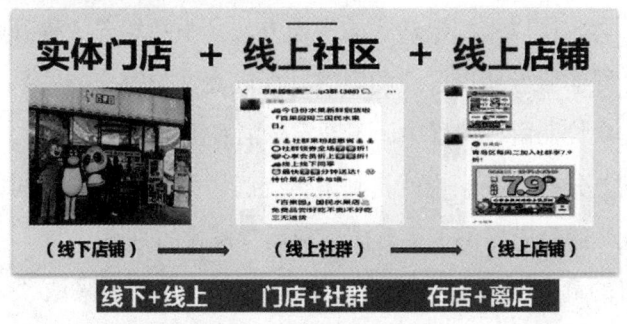

图3-4 门店全新运营模型

其中，实体门店的功能是"产品体验中心 + 客户服务中心 + 私域流量入口"（如图3-5所示）。

▶ 打造实体门店全新功能模型

NO.1 产品体验中心
发挥实体店的体验优势，打造最佳的体验场景，搭建客户体验和互动的场域。

NO.2 客户服务中心
提供超预期的服务，让客户惊喜和满意。

NO.3 私域流量入口
通过门店入口，不断输送新的成员，加入你的私域客流池，实现客户留存。

图3-5　门店全新功能模型

由产品体验中心，打造出最佳体验效果；由客户服务中心，提供满意的客户服务；由社群入口，为社群不断输送新的成员，让社群不断扩大。

由线上社区和社群，把精准的门店客户吸引进来，按照抓住注意、激发兴趣、建立信任、刺激欲望、催促行动5步成交公式，逐步完成客户的培育。

由线上店铺配合线下门店，做线上交易场所，打通线上和线下，24小时回应客户对商品查询的需求，承接客户订单，承办社群的营销活动。

这就是一个经典的门店社群的运营模型。只要匹配合适的运营模式，就能保障高效运转。

这个经典模型配套的运营机制如下。

前端让利，赚取后端多次复购的利润。这是从长远角度考虑，而不是做一锤子买卖，所以采用渐热式的沟通方式，不断培养、提升顾客购买的欲望，用良好的服务获取客户的好感，促进商家与客户的关系，增进客户信任，让客户长期留在社群中，不断贡献消费价值。

通过以上分析，我们也就找到了传统门店做社群会失败的原因，同时也给想做社群的门店提供了运营模型和运营模式的方案。

做门店的商家要注意，在实际运用中，千万不能采取"一上手就拉群，一拉群就销售"的粗暴方式，而是要耐心地去运营，逐步培养客户的忠诚度，让客户活跃，不断复购，挖掘出客户的终身价值，从而以最低的成本运营出最大的收益。

未来不再是流量上的PK，而是运营上的PK。

没有运营，社群为零！

如何做好社群运营？

建立自己的微信群后，多数门店都会出现这样的情况：群内用户不活跃，只有发红包的时候才有人出来说话；社群运营没有内容，想起来什么发什么，图片和文案几乎都是复制粘贴的；努力地在社群推广产品，可就是不出单……

做社群运营不是简单地复制粘贴和卖货，而是以人为中心，需要门店用心经营。做社群运营，不仅仅是增加与客户之间的信任，更重要的是要让客户知道群内的运营动作，用福利和价值绑定客户，使其一直关注社群。

那么，如何进行社群运营呢？接下来就给大家介绍几种常用的社群运营技巧。

1. 早安问候

早安问候是社群运营最常见的一种销售方式，早上代表了一天的开始。要提前准备好一段充满正能量的文字或鸡汤，最好加上个人或品牌。例如，以纯某门店社群早安问候语（见图3-6）。

【YISHION】亲爱的尊享会员
GOOD MORNING
今天是9月27日 星期二
农历九月初二
郑州天气 多云
温度：16~27℃
微风

【早安充能】
无论有多困难，都坚强地抬头挺胸，人生是一场醒悟，不要昨天，不要明天，只要今天。早安！

图3-6 以纯某门店社群早安问候语

以下为另一个例子。

极暖良品·让我暖你一生

去暖你身边的那个人，用心感受，幸福就会存在。

用这句话作为早安问候，加上一段正能量的话语，群成员在看到后就会感受到品牌的文化，也会感受到运营人员的用心，就会觉得很暖。

现在，一些App每天早上也会提供一些正能量的问候语，如果你刚开始做社群，没有太多经验，你完全可以借鉴别人的文字，慢慢学习，最终形成自己的风格。

2. 产品推荐

这里的产品推荐指的是在社群运营过程中商家在社群里推品。

根据客户的消费习惯，社群里最佳推品的三个黄金时间段分别如下。

上午9：00~10：00；下午1：00~2：00；晚上8：00~9：00。

在以上三个时间段推品，通常能够收到比较好的反馈效果。但每个平台的客户群体都不一样，在实际中，运营人员可以根据自己社群的具体情况来确定。

例如，有些平台的客户习惯在下午4~5点到群里逛逛，顺便下单，根据这些客户的消费习惯，你就可以在这个时间段发布信息（见图3-7）。

图3-7　以纯某门店社群日常推品文案

3. 福利秒杀

营销活动是社群每天必不可少的内容之一。这里的营销活动与好物推荐不同，而往往是基于福利的免费或者低价的产品或者活动。比如，每天一款特价引流产品、9.9元秒杀、下单满100元送××赠品，等等。

如果产品比较多，每天能上架6~8个单品，可以从中选出1~2款产品作为福利款，进行引流。如果产品没有那么多，也可以只用一款产品做福利，活动持续一周时间。例如，某便利店的福利秒杀活动（见图3-8）。

图3-8 某便利店的福利秒杀活动

4. 晒单反馈

好评反馈是社群里必不可少的环节。客户都有从众心理，看到有人在群里晒单（见图3-9），原本犹豫的客户就可能会尽快下单。尤其是在活动结束之后，客户的好评反馈更不可或缺。这也是最直观的客户见证形式，客户用后感觉好，就是最好的证明。

图3-9 某水果店的客户好评反馈图

当然，如果客户不愿意在群里晒，就可以在社群运营上做一些积分奖励。比如，给一些小礼物、做一个积分奖励等。

5. 睡前故事

人人都喜欢听故事，尤其在每晚 10 点左右。这是客户忙完一天的事情、拿着手机躺在床上放松休息的时间，这时候听的故事最能打动客户的心。

睡前小故事可以是哲理小故事、寓言小故事、励志小故事、暖心小故事、小故事大道理等，一般建议每晚 10 点左右发在社群里。如果社群的成员是小朋友的家长，那么睡前故事发布的时间和内容都可以根据该社群的实际情况来调整，例如宝贝王乐园会员群睡前故事（见图 3-10）的发布时间就是考虑到小朋友的睡觉时间比大人更早一点，故事的内容也照顾到小朋友的需求及家长为小朋友讲故事的需求。

图3-10 宝贝王乐园会员群睡前故事

可能有的人会问：不会写小故事怎么办？很简单，你可以到网上搜索故事素材。比如，微信公众号；此外，还有关于讲故事的电子书，看完之后把内容保存下来，就能每晚定点在群里分享了。

这样运营一段时间后，客户就会形成习惯，每晚等着听故事，很多客户甚至还会把群里的故事转发到其他群。客户每天都在盯着你的群，关注群里的动态，你跟客户之间就会产生情感上的连接。

从本质上来说，任何生意都是先交朋友，再卖货。

6. 积分奖励制度

除了前文介绍的技巧之外，为了更好地维护客户，增加客户的忠诚度，社群运营还可以采取积分奖励制度。

下面是某社群运营一个月的积分奖励制度。

◆ 11月15—30日，暖力值增长规则。

（1）早安打卡暖力值：10分。

▲按照格式打卡，+10分。

打卡格式参照【暖天使】每日早安问候格式。

时间为8：00~9：00。

（2）每日问答暖力值：10分。

▲每天早上积极参加每日问答，回答正确，+10分。

（3）每日订单暖力值：10分。

▲购物订单晒回执，每一单+10分。

（4）好评反馈暖力值：20分。

▲暖蜜主动分享到货真实好评或顾客使用好评。

视频+照片+评论，一次+20分，统一商品只加一次。

（5）暖生活暖力值：10分。

▲暖蜜主动分享自己的暖生活，一次+10分。

积分使用规则如下。

（1）可以抵扣现金使用，100分可以抵扣3元优惠券，有效期为1天。

（2）可以获得抽奖机会，200分抽奖一次，摇色子得红包。

（3）可以兑换奖品，300分兑换面膜一盒。

补充说明如下。

（1）团队的订单不参与积分。

（2）积分只限个人的自购消费。

（3）积分不叠加，每周公布一次。

以上是社群运营中的积分奖励制度，你可以根据实际情况制定自己的积分规则。

7. 社群游戏/发红包

我们有时候也可以在社群内做游戏、发红包，活跃社群气氛，吸引用户的注意力。比如猜谜语、掷色子、找不同等，这类游戏常常伴随着免费赠品（见图3-11）。

图3-11 某快餐店的日常社群游戏

五个技巧，锁定用户

设置社群特权会给群内用户带来一种心理上的满足感。

有个餐厅制定了一条规则：只要是餐饮社群内的顾客，到餐厅喝茶，展示群内的截图，就可以免茶位费和纸巾费；若不在社群内，就要自费。只要顾客想重复消费，一般都不会退群。就是这样一个小小的举动，让很多顾客产生了好感，从而提高了餐厅的业绩。

引流的话术很简单，服务员在顾客用餐结束后，告知若其加入社群就能免除今天消费的茶位费和纸巾费，群内还有不定时的福利活动……此时，大部分客户都会乐意进群的。

下面以一个烘焙店的社群锁客和运营玩法为例。

1. 储值锁客

这家烘焙店开在社区，竞争激烈，其辐射范围是店铺所在社区和周边半径2~3千米内的顾客，想要保持并提高营收，就要让顾客产生更多复购。

怎么达到这个效果？比较传统的做法就是会员储值：充会员，提供大额折扣。充300元送200元或充200元送100元，锁住消费者。如果是社群用户，还能额外赠送1个面包。因此用户可能在充值前就会主动进入社群。

2. 权益卡

为了长期锁定客户，该门店还推出了一张19.9元的5折面包券。这张权益卡不需要存钱，只需要在每次使用的时候出示一下即可，可以使用10次。客户会觉得比较实用，价值很高。

在不破坏原来门店价格体系的同时锁定一部分忠实客户，让客户在门店形成购买的习惯。当然，这张权益卡也只针对社群的私域用户。

3. 分销模型

只依靠店铺影响力的辐射范围有限，为了吸引更多客户，可以设计一个分销模型。比如，针对顾客中的宝妈群体，在她们购买19.9权益卡的时候，告知她们可以成为店家的代言人，每推销成功一张权益卡，返10元佣金。宝妈都有自己的圈子，面包也属于日常消耗品，需求量大，借助宝妈的渠道，就能裂变和营销更多有需求的宝妈。

利用权益卡引流和裂变的时候要注意控制数量，限量售卖，卖完即止，原因有以下三个。

（1）不能让消费者产生排斥感。

（2）私域的重点在于多次营销互动，带来更多的长线交易。

（3）保持期待，给客户抢购的感觉。

4. 造节

想必大多数人都知道淘宝的"双11"，参照这个思路，门店也可以创造一个自己的节日，以吸引消费者。

比如，针对喜欢吃芝士蛋糕的消费者，选择一个日期，告知他们当天芝士蛋糕买二送一或第二份半价，同时还能参与大转盘抽奖，挑战完成后可以获赠5张优惠券，下次还能参加这个互动。

以此为例，其他店铺也可以根据自己的特色产品创造不同的节日，比如烤肉节、龙虾节、特色鱼头节等。

这样既能把品牌、品类强化，让消费者知道在每个月的固定时间都有该品类的超值活动，又能让消费者不由自主地产生购买，提高客户价值。

5. 定制

提前一天向社群中的消费者推出一款定制产品，并且说明这款产品针对的是顾客哪方面的需求，有需要的消费者就进行接龙，比如不同颜色、不同造型的可爱下午茶点等。

接龙结束后，要对产品进行预售，对订单进行跟踪，在第2天的中午或晚上提醒顾客到店自取。不过，提货方式可以根据店铺位置选择自取或配送。这种玩法的成本相对来说比较高，需要视门店的具体情况而定。

三大策略运营高活跃、高转化社群

同样是做社群，为什么运营的效果却大相径庭？

因为运营者不仅需要知道社群运营与传统门店运营模式的不同，还需要掌握一套基于人性设计的社群玩法。

什么样的社群算活跃社群？活跃社群＝群友聊得热火朝天吗？

并不是。

建立社群的目的是培育客户，输出价值，最终成交客户。真正的活跃社群意味着：发的活动有人感兴趣，发的游戏有人参与，发的话题有人互动……这样的社群，才是有意义的社群，才是活跃的社群。

社群活跃≠群友之间互动热烈，要根据建立社群的目标来定义。

社群活跃，是指客户对我们的社群有认同感，客户对群主在社群里发出的号召有高响应率，客户在社群里有高正向转化率。

如果社群不活跃，就意味着客户并不关注这个社群。客户进群了，但不关注商家本身，其价值等于零，等于先前的一切引流努力都归零。所以，要想办法让社群活跃，为社群延长生命周期。

社群活跃还需要两个前提条件：一是所在的行业适合做社群运营；二是所在的行业适合做日常培养型的社群运营。

进入社群——认知升级

客户旅程，是指从客户首次接触到下单购买，包括产品或服务交付期间客户与企业产生互动的全过程。

客户旅程对应着用户付费的细节，门店需要在整个过程中进行不同的运营动作，打造用户的信任和依赖，实现自动变现。下面看一下门店社群变现架构图（见图3-12）。

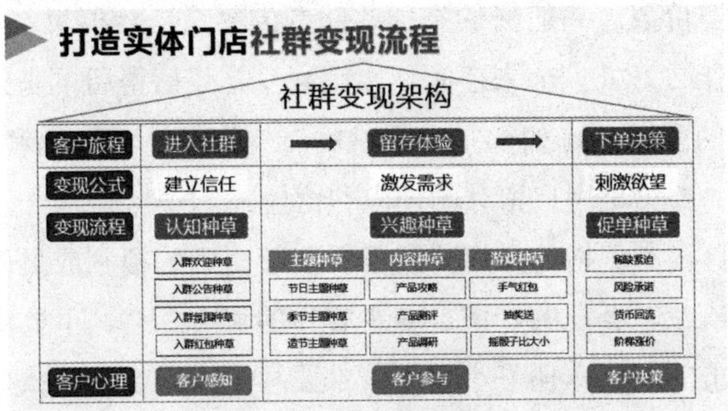

图3-12 门店社群变现架构图

从图3-12中可以看出，客户进群是客户旅程的第一个关键节点，客户的初次体验非常重要。我们要把握好这个环节，给客户留下一个好印象，让客户信任，自愿留在社群里。

就像当我们进入一家饭店，没有前台的问候和接待，没有服务人员帮助点餐，甚至没有人关注我们，试想作为客户的我们，当时会是什么感觉？相信大多数人可能会立刻离开。放在社群中，就是退群。

通常，线下实体店都会安排专门迎宾的工作人员欢迎和接待客户，帮助客户，提供指引服务，协助客户做产品体验。在线上进入社群的客户，同样需要被接待、被重视、被引导。

可是，很多商家在运营社群的时候却最容易忽视这个问题。缺少对应的仪式感，会让客户感到不舒服或迷茫，从而退群。那么，如何才能营造好仪式感，使客户既能感觉到被重视，又能让他认识我们、了解我们、信任我们呢？

为了升级客户认知，提升客户亲密度，可以从以下五个方面入手。

1. 入群欢迎语

入群欢迎语是客户进群后接触到的第一个内容，它的作用在于既要让客户体验到被重视的感觉，又要让客户知道社群对他有什么好处，从而让客户认知到我们对他的价值。这里给大家推荐两个编写入群欢迎语的公式。

公式1：社群定位＋社群价值＋进群福利。

（1）社群定位。第一句话就要简单明了地告诉客户这个群是做什么的，比如××福利群、××知识群、××兴趣群等。

（2）社群价值。一般指的是这些问题的答案：社群里都有什么内容？首次进群有什么好处？未来还有什么福利？是否值得留下来？而这些也是用户最关心的问题。比如群主会提供的专属资源、专属福利、专属活动、专属服务等，要给足用户留存的理由和价值。

（3）进群福利。指的是客户进群后能够得到的福利或见面礼。通过送福利，消除或减轻客户的疑虑，减少客户的流失。在这里要注意的是，不管是用可点击的链接，还是小程序，都要尽量缩短客户的执行路径，降低客户领取福利的难度。

公式2：进群福利+领取方式+引导链接。

进群福利：在热烈欢迎客户进群的同时，告诉他获得了什么特权。

领取方式：明示客户如何领取权益。

引导链接：在欢迎语中加入一个产品链接，引导客户点击链接，查看更详细的产品介绍，将产品推荐给客户。

这个链接的标题可以是"××福利领取指南"。一般来说，"福利领取指南"都比较容易被点击，在指南中可以介绍福利的内容、领取的方式、更多福利安排等。

引导链接的价值在于：

（1）能够让客户深入了解社群的价值，这也是一种非常好的令客户认知升级的方式；

（2）快速帮助客户解决一些可能会遇到的麻烦，减少由于不会操作而产生的客户流失；

（3）能够降低人工服务成本，让客户通过链接自学，从而解决问题，减少人工客服的服务压力。

以下是瑞幸咖啡的客户进入社群的流程（见图3-13）。在入群欢迎语中，瑞幸咖啡留下了三大内容：进群福利、领取链接和更多福利指南。

图3-13　客户进入瑞幸咖啡社群的欢迎语及好物推荐

案例拆解如下。

"更多福利"指上文公式2中提到的引导链接。瑞幸咖啡通过《瑞幸福利社入群指南》引导链接，为新入群的客户传递了这些信息：领券的方法、领不到券的解决办法、这个社群有哪些规矩，以及这个社群还有哪些福利。

通过整个指南的内容，不仅可以帮助客户解决进群过程中可能遇到的大多数问题，还给了客户留下来的理由——在这个社群里每天都有各种福利。因此，进群的欢迎语很关键。欢迎语可以给客户带来对社群的第一认知，因此一定要认真设计并不断调整。

值得注意的是，在使用公式编写或设计欢迎语时，一定要掌握公式背后的逻辑，比如欢迎语的内容不是一成不变的，需要根据社群所处的不同时期、不同运营目标和不同福利主题，不断优化升级。

2. 社群公告

群公告是新客户进群后第二个会接触到的内容。新人进群后，群公告会一直在顶栏显示，直到新人点开查看，其才会消失。这是一个很好的曝光位，相当于线下门店的进门广告。那么，在这个位置应该放什么内容呢？下面我们来看一下屈臣氏社群的示例（见图3-14）。

如果是从社群产品推荐的角度考虑，社群公告一般可以放以下三类内容。

培养认知类：比如社群规则、社群价值观。放这类内容是为了与群友统一认知。

培养兴趣类：比如激发客户互动的有趣游戏、体现客户权益的专题活动（会员日专享）等。放这类内容主要是为了激发群友的互动兴趣，挖掘需求。

刺激行动类：比如限时秒杀、接龙奖励、限量拼团等，放这类内容主要是为了刺激客户下单。

特别提醒：

（1）需要根据社群的活动主题和活动目标及时更新社群公告。

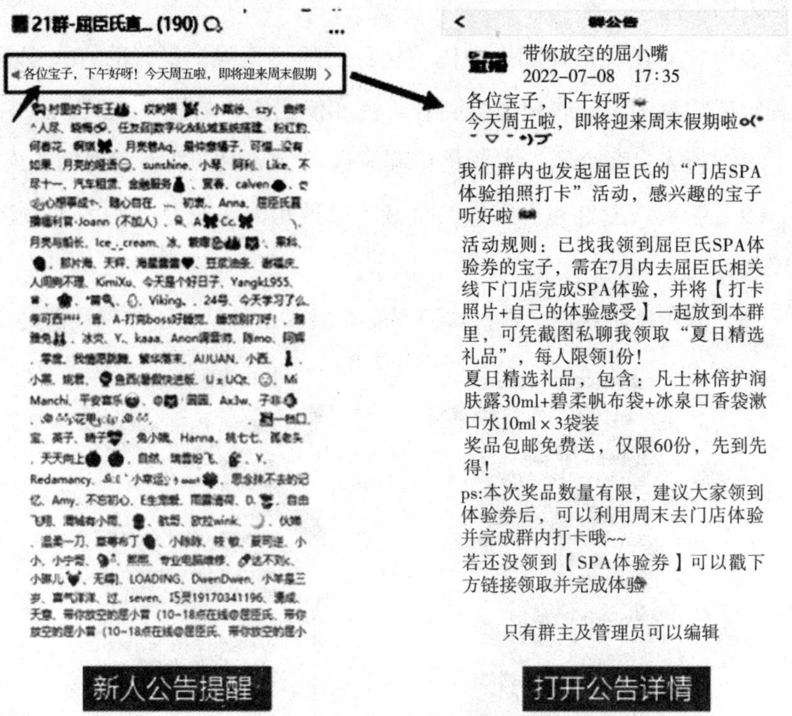

第三章 私域运营：如何打造高黏性私域社群

图3-14 屈臣氏客户进入社群的公告

（2）社群公告不仅用于新人入群的广告展示，还可以作为社群日常运营中第一时间触达客户的群通知工具。即使客户设置了静音，也可以收到群公告的提醒。

虽然社群公告的触达效果很好，但要注意其使用频率，一定要将其用在有意义的时机或内容上。合适的使用尺度一般是：既不引发客户的反感，又能起到触达的作用。否则一旦打扰到了客户，将很容易导致客户退群。

3. 氛围打造

社群运营就像在经营一个线下店铺，店铺装修的目的是给客户营造一种舒适的购物体验，给客户留下深刻印象，从而使店铺成为客户的第一选择。线上的社群运营，虽然不是货架式的在线商店，却是为客户打造了一

73

个服务圈子。

　　如何才能让客户在圈子中体验到舒适的感觉呢？最好的方式就是打造一种欢迎的氛围，让客户体会到被重视和仪式感，如图3-15所示。

　　（1）新人自我介绍。主要是让群成员相互认识，从而实现相互连接。

　　（2）新人欢迎红包。红包的金额不需要很大，只是一种为了表达欢迎的仪式。

　　（3）铁粉排队欢迎。铁粉欢迎不需要很多，只是为了体现社群的文化。

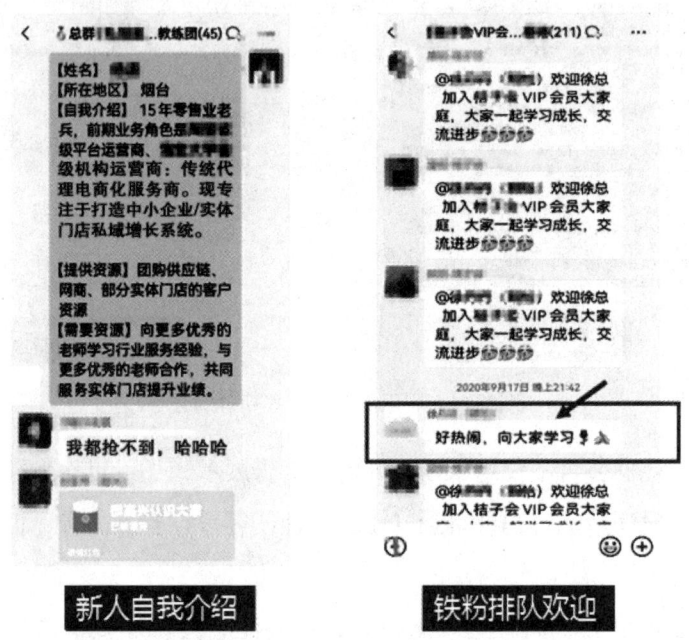

图3-15　新人自我介绍、入群红包、铁粉排队欢迎

特别提醒：

以上三种氛围打造更适合服务行业，可以让客户体会到被服务的感觉，但不适合低客单价的快消品行业。

留存体验——兴趣培养

　　客户进入社群，就像过关打怪一样。通过认知升级的环节，客户认识了我们，彼此间建立了初步的信任，顺利通过第一关，决定留在社群之后，客户会观察和体验社群中真正的内容和服务。

在这个阶段，要杜绝强推产品、催促成交，否则很容易引起客户的反感，在信任没有达到一定程度的时候要谨慎发售。

在微信社交生态里，客户进社群的目的不是为了购物，而是为了体验价值，感受有趣、有料、新鲜、好玩的社群互动。所以，如何才能留住进群的客户？这是第二个旅程中最关键的问题。

随着竞争的加剧，各个品牌的产品的同质化越来越严重，要想在产品之间体现出自身差异化的优势已经越来越难，在这种情况下要想在市场上占据一席之地，抓住及塑造客户的心理价值就显得格外重要了。只有设计出让客户有参与感的活动模式，才可以和客户建立更多的情感连接，从而塑造出更多的客户心理价值。

如何设计出让客户有参与感的主题、活动和内容，从而增强与客户的连接，增加客户的好感，加深客户的印象，激发客户的兴趣，是第二阶段中至关重要的任务。

通常来说，门店可以通过三个核心维度来培养和激发客户的兴趣，引导其参与进来，也就是"投其所好，精准营销"，用客户喜欢的方式刺激和提高客户购买的频率。

在这里我们重点介绍兴趣好物推荐的三大核心：主题好物推荐、游戏好物推荐、内容好物推荐。

1. 主题好物推荐

建社群的最终目的是通过社群运营提高业绩，但是如果没有任何跟客户相关的理由，每天直接发布产品链接的话，很可能会引起客户的反感：线下店有产品，线上电商平台的产品也是数量众多而品类齐全的，客户为什么要加入一个天天发广告的社群？

因此，要想在社群里成交，就得抓住客户的喜好，通过好物推荐的方式挖掘客户需求，推荐客户需要的产品，从而提高转化率。

毕马威的一项调查结果显示，77%的消费者会选择能够迎合他们个人口味的产品和服务。也就是说，我们需要打造不同的主题，迎合客户的各种需求，帮助客户找到参与进来的理由。

在主题好物推荐中常用的三种有效模式：节日主题、季节主题、造节主题。

（1）节日主题。节日主题的好物推荐是最简单、最常见的。在恰当的节日，我们可以找一些与行业和产品相关的话题，发起好物推荐。

节日主题最常用的公式：节日+产品特点+利益点。

门店可以建立一个节日营销日历，把日历上的节日、行业和产品进行对照，选出适合自己行业的节日，对照产品设计出活动的切入点，激发客户在对应节日场景下的需求，比如以"父亲节"为主题（见图3-16）。

图3-16 不同行业"节日+产品特点+利益点"主题的产品推荐

如图3-16所示，果蔬超市——百果园结合自己的产品，以"鲜"为主题，提出为父亲早早送上"新鲜"的水果，赠送派送折扣券；瑞幸咖啡推出邀请父亲一起碰杯的活动，送大额券包；唯品会的私域社群选取适合父亲使用的产品，打出为父亲准备礼物的口号，送券和抢特价；东菱面包机则悄悄地用自家产品佐料机给父亲制作了一顿美味饺子，引出节日主题的内容带货。

（2）季节主题。打造行业、产品与季节相关的话题，或让产品与季节之间建立某种关联。这种产品推荐方式更适合有季节属性的产品。

季节主题常用的公式：季节属性话题＋产品属性话题＋利益点。

比如在茶饮行业，夏季的"热"就是永远的话题。

瑞幸咖啡将季节话题的关键词"夏季""炎热"与产品属性的关键词"冰爽""冰凉"等内容组合碰撞，再加上"30元大额券""5折券""12点秒杀""免费喝新品"等利益点，不断推出各种季节主题的活动（见图3-17）。

在反复的季节场景主题的强化下，轻易地触动了客户的感知体验，推荐成功的概率很高。

图3-17　茶饮行业：季节话题+产品属性+利益点

（3）造节主题。像电商平台的"双11购物节""618购物节"、肯德基"疯狂星期四"一样，品牌或商家可以给自己的圈子、自己的客户、自己的粉丝创造一些节日主题（见图3-18），打造一个做营销活动的理由。

比如会员日、宠粉日、年货节、瘦身季、健康季等。

图3-18　果蔬行业：周二国民水果日

2. 内容推荐

做了主题好物推荐，为什么还要做内容好物推荐？因为主题活动不能天天搞，节日也不能天天过，若次数太多，客户也会疲劳，活动的观感就会下降。

怎么安排空当时间呢？利用不同的推荐模式调整运营内容，让每种模式都给客户带来不一样的体验和价值，尽量保持社群的新鲜度，延长客户生命周期。

内容推荐模式就是比较常见的一种。其具体是指把产品通过各种内容形式交付到客户手中，让客户从解决某一个问题的角度认识或记住产品。

内容推荐往往有以下三种常用、有效的形式。

（1）产品攻略。产品攻略的目的是通过制作内容完美带入产品的使用攻略，让客户在看到内容的时候自然而然地接受产品推荐。

这个方式的好处如下。

①可以产生追问。如怎么买？有什么优惠？还有什么特点？

②能够产生转发。若内容有价值，用户会自主分享转发，让更多的人看到内容里面的产品。

③用户口碑较好。在群内分享干货内容，没有强制推销，用户体验

好，比如教人怎么做菜，教人怎么做点心。

注意事项：

①在设计内容的过程中，首先要让客户感觉有用，不能一上来就推销产品。

②在拍摄制作产品的过程时，让产品多入镜，反复从视觉上影响客户。

③在内容展现的过程中，要融入产品的使用攻略，达到让客户先认同内容，再产生对支撑内容的产品的需要。

行业案例分析：东菱厨房电器厂家专门打造了粉丝联盟的栏目，通过视频号制作内容视频，带货厨电。在会员社群中，门店通过内容将好物推荐给会员，通过教会员做什么、吃什么，给会员贡献价值。会员在学习内容的同时就会产生购买、转发和口碑分享（见图3-19）。

图3-19 生产厂家：社群内容产品攻略

（2）产品测评。产品测评的目的主要是在社群中通过产品测试的过程打消客户对产品的使用顾虑，加持产品的功能性亮点，同时进行配套促单的动作，引发群成员的互动和讨论，建立信任，实现转化成交。

这种方式的好处如下。

①能够增加真实性，用过硬的产品质量给客户展示测评效果。

②能够避免对产品功效进行长篇累牍的描述，可直接通过测评过程展

示和对比功效。

③多数测评的过程是用前后反差来体现的，很容易引发客户的参与互动。比如追问测评未尽事宜、讨论遇到过的痛点，只要店家能保证产品测评是真实的，通常都可以触动客户的痛点需求，实现最终转化。

注意事项：

①测评内容一定要真实，不能造假，否则很容易被揭穿，起到负面效果。

②测评的内容设计，一定要将产品功效与客户的痛点紧密结合，否则就无法触动客户的痛点，使好物推荐达不到预期效果，同时也很难引发互动讨论。

行业案例的分析：完美日记（时尚美妆行业）经常在社群内做产品测评的内容。

比如，对新推出的一款鼻贴做对比测试（见图3-20），测试其使用前后的效果，结合"不用撕拉""不会疼痛"等亮点，触动了群友的痛点，引发了群友之间的热烈讨论。在讨论过程中，强化了信任感，提升了需求度，迅速实现了加购成交的转化目标。

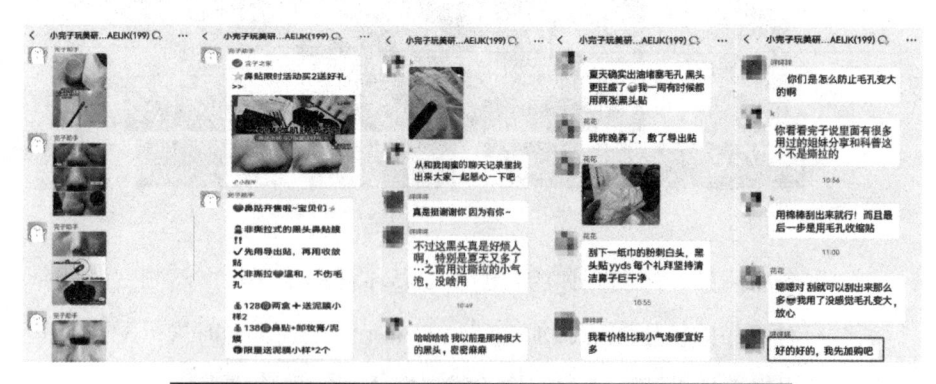

图3-20 时尚美妆行业社群产品测评内容

（3）产品调研。有奖调研的目的：打造调研内容，通过奖励的形式刺激客户参与，同时挖掘客户的真实需求。

好处：如果奖励设计得有激励性，客户就会积极参与，而企业也会获知产品上市营销的侧重点或已经上市的产品的改进和升级思路。

注意事项：

①调研活动不要太频繁。

②调研诱饵一定要有吸引力。

③调研内容要精练，非必要的问题不要问。因为客户的耐心有限，除非诱饵相当大。

④在发布有奖调研公告时，最好放一下往期领奖的榜单，增加有奖调研的真实性，同时再次刺激客户，只要参与就能得到奖励。

⑤对调研表的设计内容要有规划，即做这次调研主要想了解客户的哪些信息、达到什么调研目的。有奖调研本身是一种引起客户互动的方式，同时也担负着挖掘客户需求的重要职责，所以调研表的内容设计非常重要。

行业案例的分析：在名创优品（商业百货类）的VIP社群中，会不定期地做有奖调研（见图3-21）。

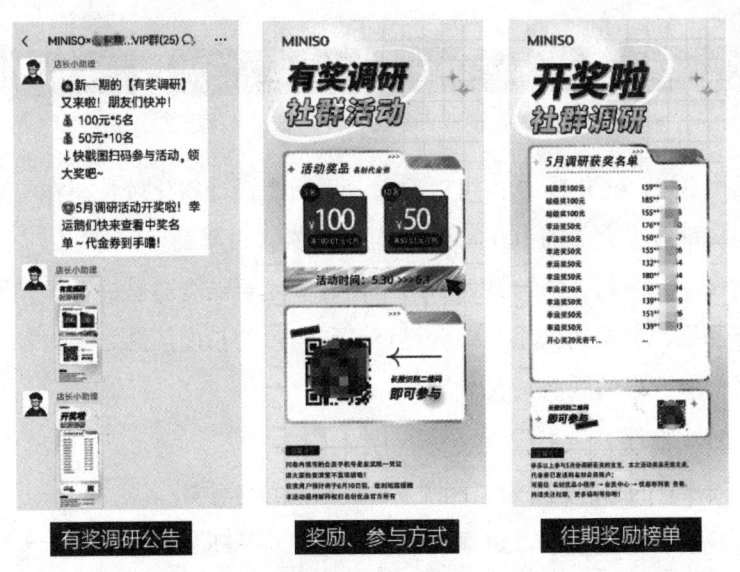

图3-21 商业百货类社群有奖调研

比如冬季来临之前，做冬季选品调研。以大额优惠券的方式给予会员互动奖励。在调研表中，名创优品的需求维度还是比较多的（见图3-22），包括客户画像、需求产品、需求频次、需求场景、需求价位等。

图3-22　商业百货类社群调研表设计维度

从图3-21和图3-22中可以看出，调研表设计得比较长，在实际推行中也相应配置了大额的100元和50元优惠券来做激励。

建议企业平时在做这种调研的时候，一定要结合自己的粉丝黏性、产品特点和诱饵奖励的大小来综合设计调研内容的长度。总之，内容的长短一定会影响客户的互动完成率。

3. 游戏推荐

游戏推荐的宗旨是好玩，能激发群成员的参与意向。

游戏推荐也是整个客户旅程中带货感最弱的环节，相当于学生的课间操，其目的是放松和休闲。

通过我们的观察可以发现，游戏作为最容易引发参与和互动的形式之一，它在日常社群运营中却很少被用到，这实在有点令人感到可惜。所以，社群运营人员应该多研究、开发一些可以在社群中玩的小游戏，带动群友参与互动，融入社群，从而调动社群的氛围，增加社群的黏性。

一般来说，可以在社群里做的游戏有很多玩法，比如拼手气红包、抽奖送福利、摇色子比大小、邀请有礼、群内晒单有礼、答题闯关、赛马游戏、看图猜成语、社群猜谜语、扎气球、套圈游戏、打地鼠游戏、K歌……

这里介绍三个常用、有效、没有压力的游戏玩法。

（1）拼手气红包。在微信里抢红包是人们最不陌生的游戏。抢红包是为了得到多少钱吗？并不是，相信大多数人是为了好玩。每个人都想试试自己的手气，哪怕只抢到1元，也会产生一种满足感。这就说明大家都喜欢抢红包拼手气这种感觉。如何把这种感觉融入社群游戏，拉动群成员参与呢？

游戏目的：借助抢红包拼手气的主题，吸引客户参与到活动中，提高社群黏性。

游戏玩法如下。

①明确中奖原则：比如，是手气最佳还是手气最差的人中奖。

②明确游戏奖品：奖物，奖券，奖权益。

③明确领取方式：一般是到店领取，提高到店率。

游戏流程如下。

①群主在群内发游戏通知，告知游戏规则。

②发送红包。

③群成员中奖后，到店领奖或到店用券消费。

活动建议：

①根据行业的特点，比如生鲜果蔬、快消品、母婴产品等，把这项活动设置为固定的栏目，培养客户在固定时间进群参与活动的习惯，加深客户对群和店的印象。

②红包不需要很大，重在玩的形式。

③可以根据活动目标来设计奖励人数。

④如果条件允许，可以配置软件工具来开展这类游戏，从而使游戏的体验效果更好，且使奖品核销的效率相对更高。

（2）抽奖送福利。游戏说明：通过小程序发起抽奖（见图3-23），抽奖奖品可以设置成免单券、折扣券、满减券等，也可以是实物商品，且实物商品最好是用户不容易通过其他渠道获取的产品。

游戏玩法：

①不设置领奖条件，中奖群成员直接获得抽中的奖品。

②可以设置领奖条件，但注意要根据活动或诱饵等因素综合考虑领奖条件的难度，防止引发群成员的反感。

领奖条件设置参考：

①当购买指定商品或消费达到一定金额时，才能带走实物奖品。

好处：可以带动指定商品的销售。

②参与抽奖活动，且必须在群内转发指定的话术，否则抽中无效。

好处：这种复制转发话术的方式可以制造刷屏氛围，带动更多的人参与进来。

值得注意的是，增加领奖条件的两种玩法其实都有不足。设置兑奖条件会增加领奖门槛，容易引发客户反感。所以设置兑奖条件时，一定要简单、易操作，条件不要太过苛刻。

（3）摇色子比大小。摇色子的活动也是一种常见的玩法。在微信的表情符号里有一个动态的色子图，它会自动转停到某一个数字。类似于在线下掷色子，非常适合作为社群游戏。这种动态变化的结果比较刺激人的感官，是一种非常能调动参与积极性的游戏形式。

游戏说明：通过指定色子点数的方式发放优惠券，既有趣，又有效。与拼手气红包和抽奖类似，都可以激发客户参与的兴趣。借助玩游戏的形式，给客户发送奖券，拉动客户的消费频率。

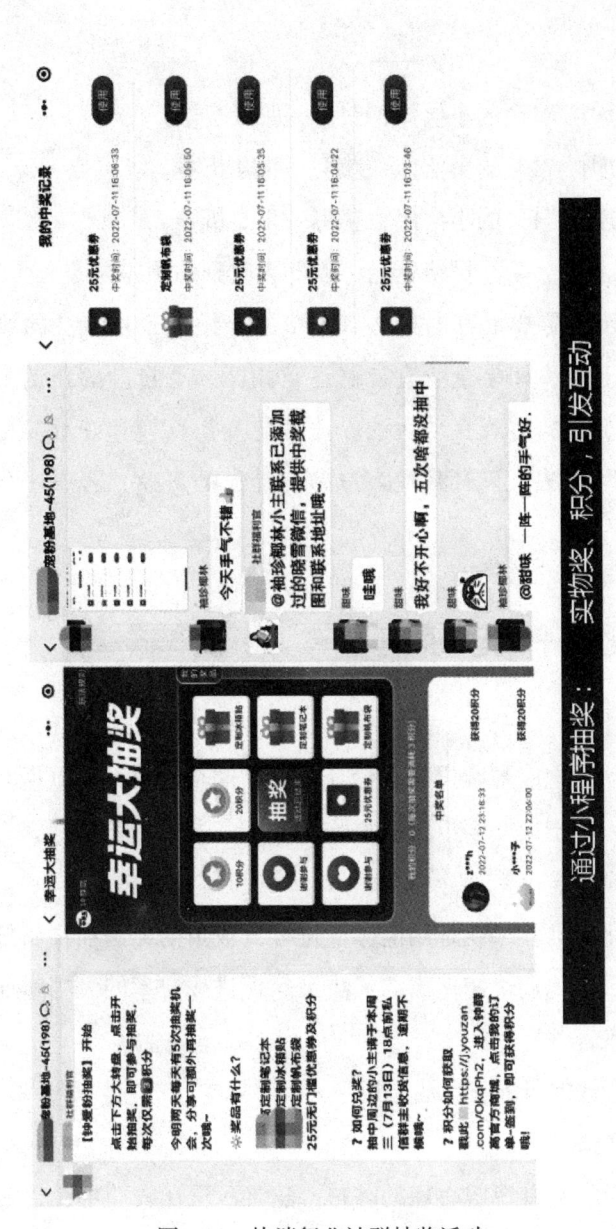

图3-23 快消行业社群抽奖活动

游戏规则：

①由群主通知指定点数，比如1点。

②最先掷出指定点数的用户获得胜利。

比如：

第一位扔中"1"的小伙伴，获得一张3折券。

第二位扔中"1"的小伙伴，获得一张4折券。

第三位扔中"1"的小伙伴，获得一张5折券。

（为公平起见，防止网络延迟，以群主收到的顺序为准。）

特别提示：游戏推荐的玩法有很多，介绍这三种玩法的原因是它们简单，容易上手，如果企业有社群运营团队，有自己的营销工具，建议尝试和开发更多的游戏互动玩法。让社群变得有趣和好玩，是现代社群最核心的活跃方法，只有激发客户参与社群的兴趣，客户才会更容易被带入。

下单决策——促单推荐

在门店社群的运营中，通过对客户的社群认知升级和社群兴趣培养两个环节的互动，就能与客户建立信任。到了这个阶段，可以说客户的培育已基本成熟，对于成交客户，只差临门一脚。这时，就要把客户转入第三个旅程——促单推荐。

所谓的促单推荐，就是用能够促进客户成单的方法和技巧打消客户最后的纠结，引导他们快速做出购买决策，促进成交率的大幅增加，提高社群的运营效率。

常用的有效促单推荐玩法有以下六种。

1. 稀缺紧迫

主要针对的是有观望心理的客户，这种玩法比较简单，也很实用。其缺点是限定参与活动的商品数量和限定活动举办的时长。

这种方法在活动中比较常见，也很有效，它主要是利用了人性中的损失厌恶心理，用客户对得不到优惠、造成损失的担忧和恐惧，促使其行动，可以使用两种活动海报（见图3-24）。

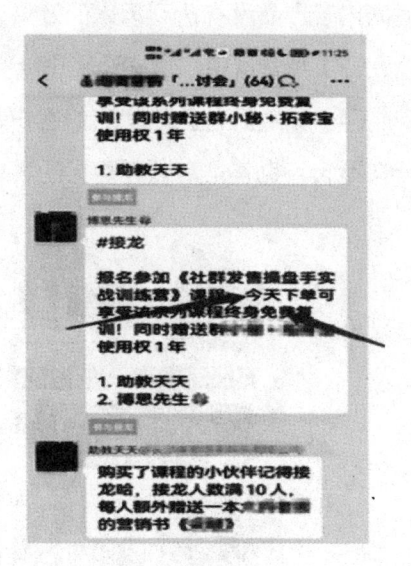

图3-24　稀缺紧迫玩法示意图

图3-24中的第一幅图是大牌限量，7折秒杀。通过制造稀缺性紧迫感，使人们产生抢优惠的急迫心理，从而成功促单。

第二幅图中的活动是"社群发售操盘手实战训练营"课程的销售，当天下单的用户可以享受终身复训特权和超级赠品。同样是用利益促使客户做出消费决策，打消客户抵抗心理的"最后一根稻草"。

2. 风险承诺

这种玩法主要针对的是有购买风险顾虑的客户。

客户购买产品的最大的顾虑是购买风险，怕购买商品后商品达不到预期效果，造成损失，而且客单价越高，客户面临的这种风险越大。

为了消除客户的顾虑，卖家要做出消费承诺，比如商品达不到预期效果就退款。这样才能让客户放心，促使客户做出最后的购买决策。

常用的使用方法有：

（1）无条件全额退款。即卖家承诺如果客户对产品不满意，即可全额退款。

（2）有条件全额退款。只要客户按卖家的条件或要求去做，在规定的时间内若产品没有达到承诺的效果，卖家全额退款。

（3）免费试用。卖家让客户免费试用产品，待客户确定效果后再购买。

（4）见效后付款。卖家给客户承诺一个消费结果，如果达不到，卖家分文不收，也就是对顾客购买的零风险承诺（见图3-25）。

图3-25 零风险承诺玩法示意图

图3-25中的第一个案例是减脂营，其承诺是如果减脂无效，全额退款。

第二个案例是服装销售。商家打出了"颜色款式不喜欢，退！同事同学觉得不好看，退！老公、老妈不喜欢，退！我们家狗狗不喜欢，退！"的排比句式，增强零风险承诺的震撼感。

3. 社群接龙

通过营造"大家都在买"的排队氛围，利用羊群效应，缩短群内客户的决策时长，提升下单转化率。

具体玩法是组织社群成员发起采购接龙，设定接龙奖励目标和接龙奖励门槛，当购买人的数量达到要求时就会得到最终奖励，勾起人们挑战得奖的欲望，参与接龙，同时带动其他人做出购买的决策。

关于这种玩法的应用，这里有两个案例（见图3-26）。

图 3-26 中第一个案例还是"社群发售操盘手实战训练营"课程，接龙游戏设定了 10 人的接龙门槛，奖励每人一本营销书。

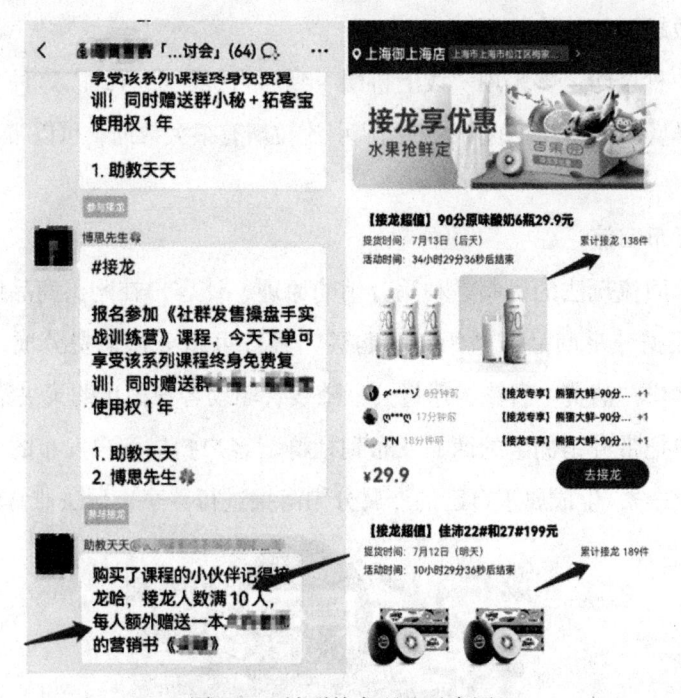

图3-26　社群接龙玩法示意图

第二个案例是接龙享优惠，从结果上看累计接龙已经超过 189 件，战果不错。

4. 特价拼团

这个玩法是以低价刺激用户参加拼团，让用户主动分享拼购商品，从而达到传播裂变的目的。用户拼团成功后即可到店自提商品，营造门店生意兴隆的氛围，带动实体店铺的商品销量增长。简而言之，就是组织更多的购买人数，通过加大购买规模获取超额回报，用超额回报来促单。

具体的做法是团长在社群里发布相关的拼团活动，让用户自由组团，促使参团人数裂变增长。

常见的拼团模式有抽奖团、超级团、秒杀团等。

（1）抽奖团。用户参与拼团，成团后系统自动抽奖，被抽中的用户获

89

得拼团商品，除了自动退款之外，抽不中的用户还会获得补偿奖励。

（2）超级团。一般需要50~200人参团，可以选择性价比较高的产品，参团人数越多，价格越便宜。

（3）秒杀团。多采用"线上拼团+到店自提"的方式。这种方式对蛋糕、生鲜、水果等行业的商家的门店引流拉新有很大帮助，可以带动客单量增长。

5.货币回流

货币回流玩法的机制是利用分销的原理，让客户在购买商品后获得分销权。根据分享商品带来的新增购买，客户可以分得消费分成，获得收益。让客户在消费中省钱，通过分享赚钱，驱动客户做出购买决策。

商户把带分销佣金的商品发布到社群，客户扫描商户发布的分销海报（见图3-27），生成属于自己的专属分销海报进行分享，玩法非常简单。

图3-27 分销海报

这种有回报的消费返佣会刺激客户的消费量。

6.阶梯涨价

在社群做商品预售活动时，让前××名下单的客户享受优惠价格，而当超过规定的人数则涨价一定金额，让后续购买的人享受不到之前的优惠价格，促使客户快速做出购买决策。

这种方法和"前××名优惠××"是同一个道理，都是通过对第一波下单人的奖励，影响和带动后面的客户快速下单（见图3-28）。

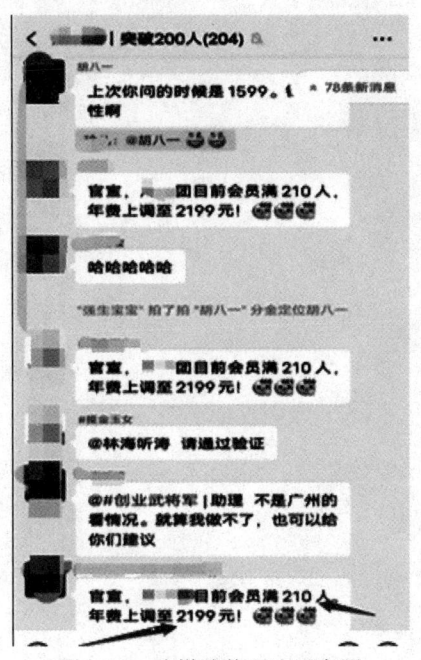

图3-28　阶梯涨价玩法示意图

以上介绍的是目前比较常用且比较有效的六种促单推荐方法，它们环环相扣，层层递进，如果使用得当，可以起到让用户无法拒绝并主动成交的效果。

第四章

案例：知识付费行业训练营私域低转高模型

线上训练营火爆的背后逻辑

训练营社群是知识付费行业的发动机

很多企业常常利用社群向用户进行产品推荐，社群俨然成了企业卖货的一个非常重要的途径。除了实体门店，很多做训练营的线上培训课程也会在社群进行，比如我们经常见到的各种知识付费课程等。

说到训练营，以前一般都是在线下举办，意味着封闭、集中。其目的是希望利用安静的环境，让学生或队员集中精神，通过系统的训练快速提升实力，是一种高效、系统的方式。如今训练营转移到了线上，但训练营高效、系统的特性依旧没有变化，只不过授课环境由实体空间变成了线上社群，授课方式从面授变为了音视频，签到方式变为了打卡。

社群经济是指在互联网时代，一群有共同兴趣、认知、价值观的用户抱成团，发生群蜂效应，在一起互动、交流、协作，对产品、品牌本身产生反哺的价值关系。这种建立在产品与粉丝群体之间的"情感信任＋价值反哺"，共同作用形成了自运转、自循环的范围经济系统。产品与消费者之间不再是单纯的功能上的连接，消费者开始依附于产品功能之上的诸如口碑、文化、格调、魅力等精神层面的东西，从而建立情感上的无缝信任。

在生活中，相信很多人都听说或参加过训练营。笔者最开始接触训练营是给孩子报名了一个学习英语的线上训练营，从而体验到了训练营社群

第四章　案例：知识付费行业训练营私域低转高模型

的魅力，自那以后，笔者也开启了长达4年的训练营社群研究之旅。

大多数机构在做体验课的时候，都有一个免费/低价社群，每个社群里都有类似于班主任的角色。体验课结束后，班主任会通过不同的成交主张在社群或班会中发售正式的正价课程。令人惊叹的是此类课程的成交转化率可以达到50%，有些甚至达到了80%以上。如果把转化率如此高的社群运营逻辑和成交模式应用到各行各业，能否收获不一样的业绩增长结果呢？

带着这样的疑问，笔者开始持续观察训练营类型的各种产品，发现有很多利用此模式崛起的产品。这类训练营社群模式下的教育类产品的火爆情景，带动了一些知识付费行业的IP老师入局（见图4-1），从而出现了各种主题的知识付费训练营，比如小红书训练营、流量爆单训练营、营销训练营、投资训练营、理财训练营、读书训练营、情商教育训练营、领导力训练营、卓越父母训练营等。

图4-1　线上训练营招生海报

如今，训练营社群可谓百花齐放，只要打开知识付费的平台，就能发现从投资理财到健康调理，从副业赚钱到职场历练，从家庭教育到时尚塑形，从管理能力到商业思维，从投资营销到社会交际等各种主题的训练营，更有人资财税、社科人文、自我进阶、生活考试等领域也都开始采用训练营社群的模式进行交付，训练营社群模式覆盖的行业也越来越多。

毫不夸张地说，训练营社群就是知识付费行业的发动机，其直接推动

95

了知识付费行业的高速发展。

如今,训练营社群覆盖的行业已经从原来的知识付费行业(也可以理解为虚拟产品)逐步扩大到了产品、服务等实体及服务行业。比如肠胃排毒训练营、中医养生训练营,此类训练营多以转化实际的产品为最终目的。

这又带来了一轮新的思考,品牌是否也能利用训练营社群做好"产品+服务"的商业转化呢?

训练营社群的三大优势

为什么训练营社群模式会这么火爆?其背后的逻辑是什么?为什么这么多商家选择训练营模式来完成销售?在训练的过程中它是如何完成低客单价到高客单价的转化的?如何做好一个高转化的训练营社群?如何实现业绩倍增?如何做出一个差异化的训练营……要回答这些问题,就要先了解训练营社群的三大优势。

1. 降低门槛

训练营社群可以降低用户对产品或者服务(尤其是高价值产品)的使用门槛,让更多的人体验到产品价值。在体验营销服务的海量用户中实现精准用户筛选,从而实现转化高价产品或服务的目标。

2. 增加黏性

线上训练营社群以全方位的服务、高频互动的模式,直接与用户产生交流,通过少则7天、多则21天的陪伴周期,反复触达用户。这也是快速提高用户黏性、培养忠实粉丝的有效方法。

3. 提高转化率

在训练营社群中,用户可提前体验到产品或服务的价值,从而与商家建立基础的信任,商家再通过成交主张和成交氛围的塑造,达成批量式成交转化,为高效、高质量、高客单价转化提供实现路径。

四个体系设计，转化率翻倍

在分析过近百家短期线上训练营社群之后，笔者总结出了一套针对短期线上训练营社群的建构体系，也就是训练营社群的四个体系（见图4-2）。希望这套体系和其背后的建构逻辑能够帮助更多需要利用社群来促进成交的朋友们。

转化效果突出的训练营社群通常离不开以下四个方面。

（1）构建训练营的北极星指标体系。
（2）训练营的课程或者训练体系的搭建。
（3）训练营的精细化客户运营维护体系。
（4）训练营的成交转化体系。

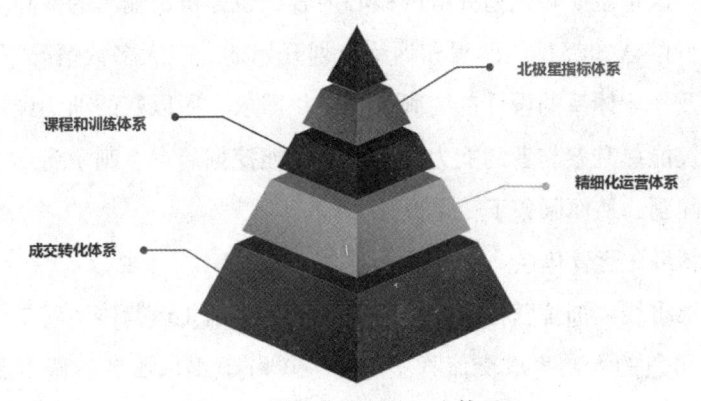

图4-2 训练营社群的四个体系

1. 北极星指标体系

做训练营社群之前必须先明确训练营的目标，这是整个流程设计的指导方向。目标关乎定位，也关乎整个训练营社群的价值体系。

目标的存在能够解决很多疑惑：

客户为什么要加入训练营社群？

客户能学会什么知识，提升哪些认知？

客户能练就什么技能，收获哪些工具和资料？

不仅如此，目标还决定了训练营社群的交付物是产品还是服务。

目标方向指引行为，训练营社群的所有设计都是围绕着目标展开的，没有目标和方向，训练营社群就如同一盘散沙，最后很可能"溃不成军"。

训练营社群的目标只能有一个，如果商家急于求成，频繁变更目标，那么就只会适得其反。因此，不同目标对应的成交主张也不同：若以"裂变"为目的，在整个流程中就会增加分享等环节；若以成交高客单价为目的，塑造价值和客户见证就是必不可少的部分。

所以，训练营社群的"新手玩家"要想达到预期的效果，最好坚持一个目标。

2. 课程和训练体系

在这个体系需要根据目标完成课程的设计、训练计划的设计以及作业的设计。这是短期转化型社群的核心内容，也是价值输出的保障环节。学员对社群的认知都是从课程和训练计划开始的。在大多数情况下，课程、训练以及作业体系的设计都要服务于转化需求，所以好的训练设计和作业设计不仅能提升参与者的能力和知识，更能挖掘痛点、刺激痛点，让参与者发现问题，从而服务于转化目标。

3. 精细化运营体系

如果将线上训练营社群当作门店看待，精细化运营体系就是组织"服务员"角色的人，为成交流程中的每一个环节提供服务。倘若服务做不好，店铺的成交转化、复购一定会大打折扣；若服务做得好，服务就会成为加分项，从而提升转化率。这一点和线下门店的理念是相通的。所以，对一个训练营社群来说，精细化运营的服务体系非常关键，其直接决定了成交转化率。

4. 成交转化体系

成交转化体系是所有前期工作的最终承载，没有成交，一切都等于0。所以，门店首先要设计有吸引力的成交主张，然后利用社群的特殊性，最后按照一定的成交节奏促进成交转化。

可复用的线上训练营转化成交公式

一个合格的训练营社群，其所有的内容、动作和流程最终都是为转化服务的。所以，为了实现高效转化，其每个环节都要经过精心设计。

训练营社群的存在是为了让更多的人以更低的门槛体验产品，因此在体验的过程中要反复塑造价值，为客户提供超值服务，让客户体验"爽感"。这就要求训练营社群在挖掘客户痛点的同时，还要给予客户解决方案，最终实现解决方案的成交转化。所以在整个训练营的过程中，除了产品体验，更重要的环节是塑造价值。

那么，如何才能搭建最小闭环的训练营，从而完成服务、转化流程，最终得到较高的转化率呢？

这里介绍一个转化率的公式：**转化率 = 筛选 × 超值交付 × 极致体验 × 成交发售**。

为什么你的社群转化率那么低

行业内有一句话非常流行，叫作"筛选大于成交"。

最早期的训练营社群，都是以"人满为患"而骄傲的。根据参与训练营的人数的多少，就能判断该训练营社群的影响力。然而，一切动作的目的都是为了成交，参与的人多并不代表成交效果突出，尤其是在如今竞争愈发白热化的环境中，客户的筛选更会影响最终的成交率。

让客户"举手"，找到相对精准的目标客户，再针对目标客户进行培育，才能提高转化率，这也是筛选的作用之所在。

那这里提到的"举手"是什么意思呢？其实就是让潜在客户表达出对产品的意向度、意愿度和认可度。客户一旦举手，就表明其被初步筛选了。这样的客户是有比较明确的需求和痛点的，他们很想要一个解决方案，所以商家在此时再对其进行成交，往往就能成功实现转化。

1. 筛选客户的两大前提

不少企业都面临一个问题，即因为害怕一些负面言论影响社群里的其他人而放弃建群。其实，因为恐惧就放弃私域营销的最佳阵地，无异于因噎废食。

要想避免此类情况的出现，除了做好产品本身，筛选也是非常重要的一环。要让客户主动举手，带着需求入群。

在筛选客户之前，我们要做好两大工作，这也是正确筛选客户的两个前提：

第一，表达清楚训练营社群的建群目的。群内可以提供什么价值，群成员需要做什么，训练营里有什么，训练结束可以收获什么。

第二，明确个人加入训练营社群的目标。让客户明确自己的痛点和需求，带着期待进入才能直接影响转化率。因为有痛点，才有转化和成交。

成交是为了解决痛点。有痛点才需要解决方案，才能帮助客户做出改变。让客户举手，就是为了快速找到有痛点和需求的人，给出满足需求的交付。

若没有靶子，即使你是百步穿杨的高手，也无法射中目标。瞄准目标的能力是射箭的基本功。所以，如果想要吸引客户，就要找到客户的"靶子"。

2. 筛选客户的两种方法

（1）付费筛选。若想成交高客单价的产品或服务，建议在前期通过付费来进行筛选。

付费的阶梯可以从1元至几百元不等。一般来说，成交产品的客单价越高，前期筛选的门槛就越高。但是，考虑到潜在群体的需求挖掘情况，可以适当降低门槛。比如，以199元的门槛筛选1万元左右的客单价，比较容易让意向用户付费参与体验。当然，如果团队的运营能力强大，也可以尝试以1元低价转几万元客单价的路径。私域研究院的尹基跃校长开设的百万

IP发售训练营正是用此种模式，从1元体验课转化到几万元的私教课程。

（2）行动筛选。私域领域中有一个"鱼塘"的概念，很多公司、个人在建立自己的"鱼塘"的时候会有基础的"泛粉"类鱼塘，用来长期培育客户，再进行转化。还有很多应用实例，比如门店常用的福利群也是如此。针对此类社群，建议通过行动筛选的方式来寻找客户，筛选意向客户，过滤非意向客户。那么，常用的行动筛选方式有哪些呢？一般来说有转发活动海报、邀请好友完成任务以及参与投票等。

高转化的训练营内容是如何设计的？

客户在进入训练营社群时都是带着一定期待的，比如，学习型社群中的客户想学习知识；技能型社群中的客户想获得技能的成长；功效型社群中的客户想取得改善的效果；等等。所以，训练营社群自建立开始就要保证客户能体验到他们想要的"效果"。

比如瘦身训练营承诺客户一个营期结束后瘦10斤，如果客户按照训练方法没能瘦到目标，这个训练营的后期转化效果一定会很差。

再如学习知识的课程，最后客户发现自己听不懂或内容太浅显、没有干货，就会对导师产生怀疑，从而影响转化效果。

要想提高转化效果，必须保证客户在训练营期间能够获得超过其预期的收获，这种超过预期的收获也可以称为"惊喜"。如果门店能让客户产生这种惊喜的感觉，那么其最终的成交转化率一定会相当可观。所以在课程设计和作业设计环节，门店都要注意准备出相应的内容，让客户充分感受到价值。

1. 训练内容设计

（1）要有高价值内容。要做到训练营核心内容超值交付，就一定要有效果、有反差。

很多人对交付内容存在误区，认为越好、越值钱的东西就应该放到最后，将其提供给付钱最多的客户。然而事实证明，我们在交付过程中最应该做的，是把高价值的内容以最低的价格呈现出来。

体验型社群若想获得高转化，其训练内容必须是效果好、价值高的课程体系，甚至可以是高客单价产品体系的前端体验内容。

（2）要有合理的学习体验曲线。课程或训练设计的本质是围绕目标在特定时间内通过设计调整内容和服务，实现逐个交付，最终达成目标。

学习曲线是指学员在学习过程中，其本身在收获感、成就感、喜悦感等方面的一系列体验和感受的变化，所以为了让学员的学习更有效果、学习体验更好，对训练营每一部分的训练内容都需要合理地设置难易分布。

常见的学习体验设计分为两种类型：波浪曲线进阶爬坡型、高山仰止认清现实型。

波浪曲线进阶爬坡型设计类型：开篇打破认知，中间不断起伏，不连续处于体验低位/高位，结尾难度有所上升，让用户通过完成任务体验到自己的进步。

高山仰止认清现实设计类型：开篇仍然是打破认知，接下来会有一个简单的起点，让用户轻松掌握，但后续难度不断攀升，让用户感觉到疑惑并产生畏难感，之后到达难度最高点，解决前面的疑惑，后续难度越来越低，让用户的成就感不断攀升，最后到达体验的峰值。

这两种不同的体验设计模式适用于不同类型的训练营，采用哪种模式更为合适，一般要根据用户群体和最后的转化目标来判断和决定。

（3）双内容设计。双内容设计，通常我们也称之为主线和辅助线内容设计，内容搭配可以让训练营的内容显得更丰满。比如，家庭亲子关系改善的训练营，除了每天晚上 8 点的主线专家课程授课之外，我们还可以在早上 8 点增加早读会、下午 6 点增加小型主题分享会等。再如，把"加餐"的"鸡腿课"或"彩蛋课"作为补充内容进行呈现，参训者的体验感就会提升很多，课程的价值感也会相应提升。

2. 作业设计

训练营的作业设计有两个方面的作用：一是为了辅助学员学习或者训练；二是借助作业巧妙地挖掘客户的需求和痛点，或者利用作业放大客户的痛点。

从这个角度出发，我们可以将作业设计分为两类：一是辅助训练内容达成；二是刺激和放大客户痛点。将两种类型的作业设计交叉结合，就能为成交转化起到铺垫的作用。

一份好的作业设计，首先要符合难度进阶曲线；其次要让一部分人无法完成，即让参训的人感受到自身不足，从而挖掘客户痛点；最后要做到效果外显，让学员愿意分享，促进群活跃，自带话题。

这样一份作业设计，一定能让参训学员得到超值体验。如果条件允许，可在作业打卡页面单独开发小程序，将页面设计得清晰明了；也可以使用如"小打卡"等打卡平台，进行打卡统计。

以下为某教育机构的打卡页面（见图4-3），非常清晰明了，是笔者体验过的相对比较好的一种呈现方式。

图4-3 某教育机构作业打卡页面

作业优化案例：

在某父母成长训练营中，有一项作业是：你了解你的孩子吗？

用问卷评分的形式让父母和孩子互动起来，作业形式非常有创新性。在填写问卷的过程中，父母就会发现其实他们并没有那么了解自己的孩子。

这种结果自然戳中了父母的痛点，同时又让作业具备了"讨论"的属性，于是社群内的许多家长都开始分享自己的得分和感受（见图4-4），很好地带动了社群的活跃氛围。

调查问卷表只是初步设计，虽然它还有很多不完善的地方，但是针对此类问题，它也不失为一种可以借鉴的方式。

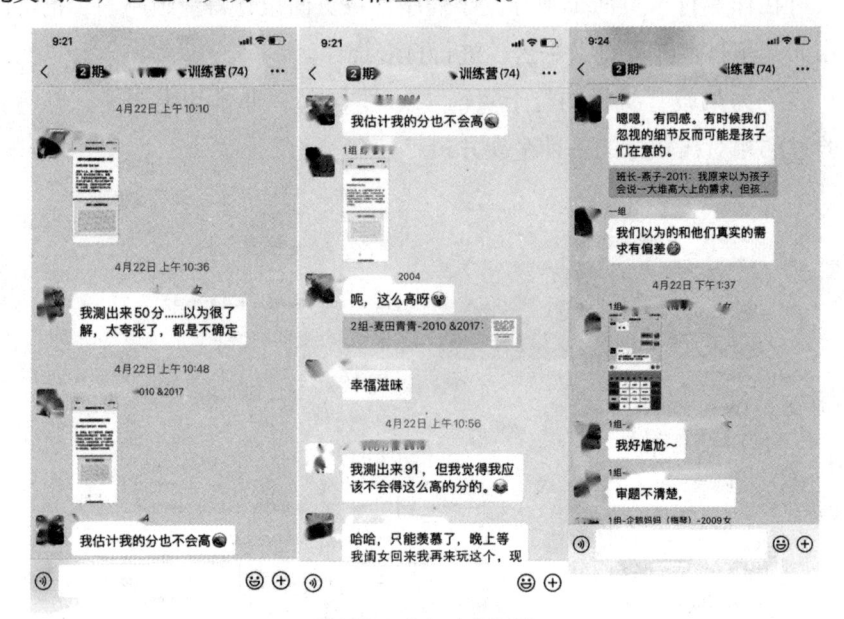

图4-4　群内讨论场景

高转化的9大流程动作设计

除训练内容之外，影响训练营社群转化率的另一个关键因素就是超预期的服务带给客户的超值体验，所以训练营社群的运营流程动作设计非常重要。

完整的训练营流程闭环（见图4-5）有几个非常关键的运营节点，围绕这些流程环节来设计相应的运营动作（内容）对最终的成交转化率十分重要，一般来说，有九大流程动作设计：进群前沟通→进群环节→开营仪式→训练环节→作业环节→社群活动→转化环节→闭营仪式，以及最终的"超值收获：效果外现"。

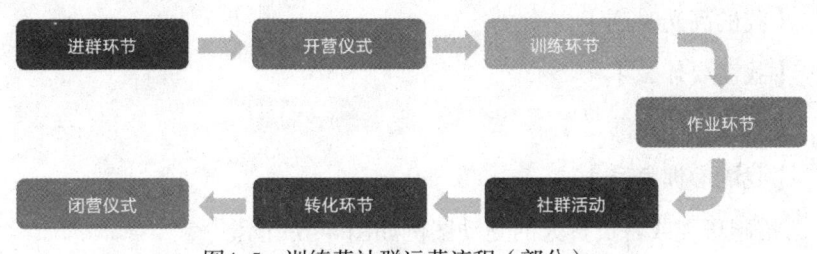

图4-5　训练营社群运营流程（部分）

1. 进群前沟通

在这个环节沟通的重点是调研客户的需求，并在传递参训要点的过程中和客户直接进行连接，以达到从进群前就开始培养客户的目的。

（1）调研客户情况，摸查客户需求。

（2）明确参训的条件，比如明确目的、训练时间等。

（3）和客户建立基础连接。

2. 进群环节

在私聊用户进群时，可以采用倒计时或者回复指定动作的形式提醒客户即将进入训练模式。

常做的进群环节互动有：

（1）填写调研表、提醒看公告、群规的强调等；

（2）准备自我介绍、领取进群礼品、进行训前准备等；

（3）进行开营仪式的预告和倒计时，提高参加开营仪式的在线率。

有些训练营在进群环节中还会给每位学员发放录取通知书，引起学员的自发传播，或者在进群环节发起分班分组活动，同时招募班委，确认每组的组名或者队名，确认口号等互动形式。

常见的破冰模板案例：

【我是谁】

【我是做什么的】

【我的性格特色】

【我的绝活是什么】

【我的高光时刻】

【我需要什么】

【我参训的目的是】

【我的参训宣言】

招聘班委或者负责人的互动案例如图4-6所示。

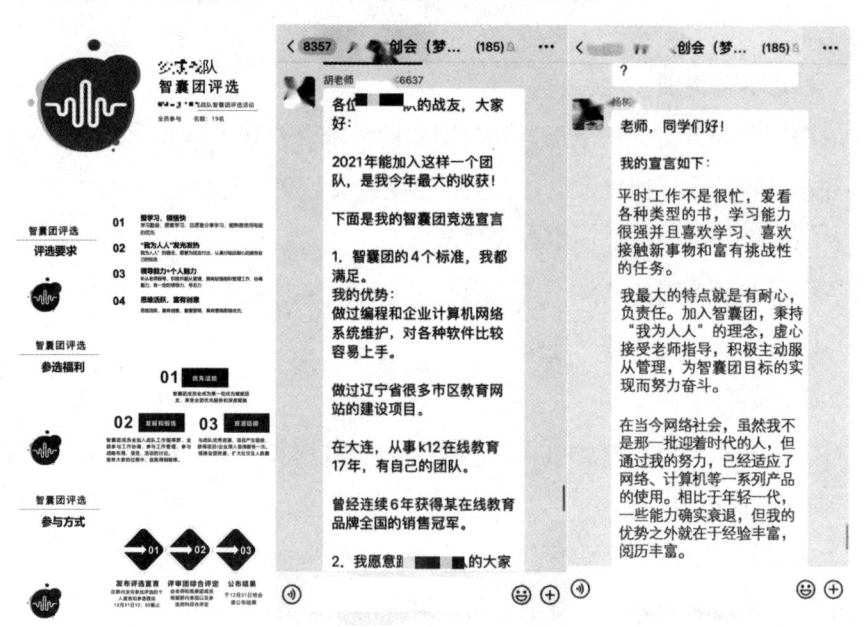

图4-6 训练营社群智囊团招募

3. 开营仪式

开营仪式一般由运营人员或助教主持，这个环节主要是介绍训练营的特色、价值、训练内容、训练导师、训练规划、学习目标。有时为了加深信任、提高互动率，也可加入公司和创始人介绍、往期学员分享。此外，还可以添加一些特别环节，比如团队亮相，但前提是已经进行过分班分组、选举班委等动作。

举办开营仪式前，最好能确保在线人数达到一定数量，因为好的开始直接影响整个训练营的体验感，好的体验能给整个训练营打造一个好的开始。

要想增加在线人数的数量，可以提前发布多轮预告，通过群通知、私信通知等，确保信息通知及福利预告到位，并通过倒计时进行多轮触达。

在开营仪式的结尾，需要将开营仪式的重点内容（如重要文档、流程）做成合集，发给每位学员，方便后期学员自主查看。

第一天的体验非常关键，好的开始能助力产生好的结果。

开营仪式需要注意的六个问题：

（1）需要提前预告开营仪式的内容，设置回复指令，召集学员参加，塑造开营仪式的价值；

（2）需要反复提醒学员参加开营仪式；

（3）在开营仪式中需要塑造氛围感，比如群互动、列队回复等，也可以采用红包雨的方式带动群氛围；

（4）开营仪式需要把重点放在训练营的价值塑造、训练的方式上；

（5）提前安排好互动的候选人员，且事先要与候选人员沟通好，叮嘱其在开营仪式的过程中要跟随主持人的节奏，不能只以刷表情的方式进行互动，要做好主持人互动环节中的响应；

（6）开营仪式的时长一般控制在30分钟左右。

开营仪式案例：

下面是某家庭英语指导师训练营的开营仪式（见图4-7）。我们集合了对家庭英语指导师感兴趣的人，用强烈的开营仪式感，让用户从开课伊始就感受到社群强烈的学习氛围，增加学员与讲师之前的互动，保证了用户的体验良好。

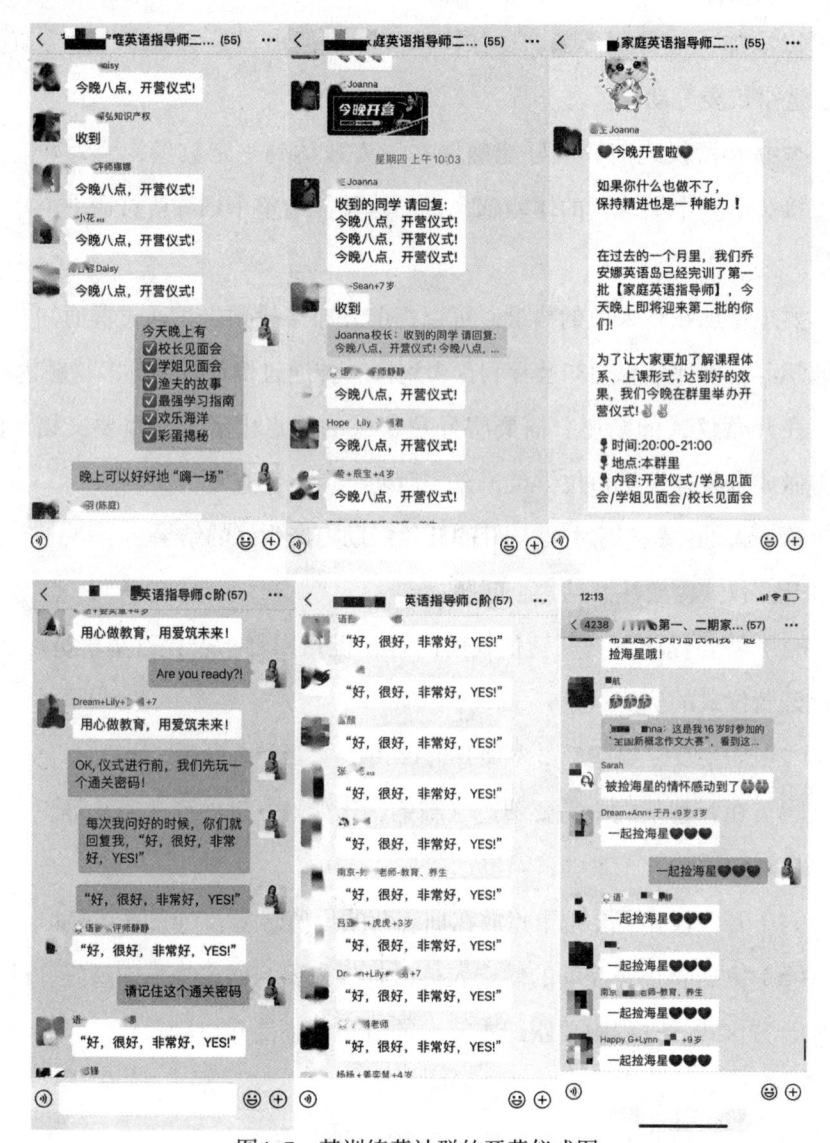

图4-7 某训练营社群的开营仪式图

4. 训练环节

训练环节的关键在于交付形式，因此采用操作便捷、成本低的形式更容易有效触达学员。比如公众号消息提醒、群内学习链接发布等。

听课率直接影响转化率，要想提高转化率，就要狠抓听课率。

如何提高听课率呢？

（1）用学员分享听课感言、收获的方式影响其他人。

（2）用听课后领取礼品的方式提升听课率。

（3）设计积分模式，比如听课累计积分，结营时积分的前 X 名学员可领取重大福利。

训练内容可以是听课，也可以是某个行为动作的锻炼或者执行。比如我曾给一个改善视力的机构设计打卡训练营，参训人员须按照一定的训练操和眼部锻炼计划进行每日打卡。

在训练环节里面通常会设立以下两条训练计划。

一条是主线计划，比如核心体验课程、训练内容，让参训人员对主题的训练提升认知和能力。

另一条是辅线计划，比如加餐课程、小灶鸡腿课程、彩蛋课程，或者是特邀嘉宾的分享。

辅线计划是为了丰富训练内容，力求在提升课程体验的同时增加参训人员的收获渠道和内容，使其有超值的价值收获体验。

5. 作业环节

催打卡是训练营常见的工作之一，打卡率等同于作业完成率，是转化率的直接影响因素之一。参与训练、学习只是吸收，打卡才能输出。

只有参与打卡的学员才能跟着节奏一步步得到提升，最终得到明显的结果。

提升打卡率的五种方法：

（1）完成作业的学员进行群接龙，以接龙的方式刺激学员进行打卡；

（2）来自群友或班委的鼓励，采用多频次鼓励式的群发、一对一私发消息，鼓励打卡；

（3）采用阶梯式打卡领礼品的形式，刺激学员进行打卡；

（4）采用退出失去机制，不打卡则损失某项权益，反向刺激打卡；

（5）采用PK、积分形式打卡，以PK的方式，凝聚小团队的力量，从而影响团友打卡。

6. 社群活动

社群的活跃度高，能够给参训学员带来良好的体验，如加深彼此之间的联系和信任感，营造出感性的体验因素。

活跃的社群是培养用户信任度的一种很重要的方式，所以社群活动必不可少。

社群活动可以围绕两个目的展开："增加学习收获体验感""增加群友情感链接"。

（1）增加训练营学习收获上的体验感是训练营社群产生超值交付的最容易的方式。

比如阶段性的大考和小考、往期优秀学员的分享、正价课老师的群内空降直播和答疑，还有加餐小灶课，都是非常好的选择。交付超出预期的超值干货，持续给予价值的输出，能让参训学员体会到学习收获的愉悦感。

（2）增加群友情感链接。

比如班会活动、感言分享、话题讨论、小组讨论、小组PK、积分榜、发福利、抽奖、金句分享、学员互评、发朋友圈、打卡接龙等各种玩法。有时候可以举办一两场小游戏，赠送一些小礼品。

我曾经组织过一个面向父母的教育训练营。该训练营每天早上6点有早读，上午10点左右进行优秀作业分享，下午进行导师答疑，晚上8点是班导小灶课。

课程内容非常丰富，远比想象中的交付内容多，所以社群成员的体验很好。在这期间小组长还会把所有的干货收纳为一个合集，一对一地发给组员，为组员打造超值服务体验。最终这个社群高价课的转化率达到了60%，属超高水平。

社群活动的关键点是让学员互相熟悉、建立某种形式上的链接，进而产生"情感"链接，为后期的成交氛围进行铺垫。建立一个热闹的"场"，成交的温度也就相应升"高"。所以说丰富的社群活动非常容易培养出忠实的粉丝，从而提升后期的成交转化率。

7. 转化环节

训练营的成交转化动作常常会被放在闭营仪式之前，或者和闭营仪式直接结合。

常用的方式有在班会上直接进行成交动作或邀请重量级正式课的老师进行分享和转化，也有班委直接发布信息式的成交。

要始终明确一点：社群卖的不是产品，而是成交主张，所以要打造让客户无法拒绝的成交主张。

成交主张就是给客户提供的成交条件，其中包含很多的因素和方法，将所有因素组合起来，成交就会变得非常有吸引力。一个好的成交动作必定要有多个成交主张的叠加：

（1）产品或服务的独特卖点。它主要指的是能为客户解决什么问题，提供什么解决方案，能给客户带来什么结果；

（2）价值塑造。也就是客户为什么选择这个产品，为什么这个产品能解决客户的问题；

（3）超级赠品。为了让客户感觉物超所值、帮助客户快速决策，赠品一定要塑造出价值，才能成为超级赠品，比如高价格的产品，或者是通过其他渠道接触不到的稀缺品，注意不能把卖不出的产品当作赠品；

（4）价格优惠。也就是采用超低折扣、团购、秒杀等优惠形式。要注意给出低价的理由，塑造低价的吸引力；

（5）支付条款。对高客单价的支付门槛进行阶梯划分，比如支持分期付款，支付订金享受优惠名额等；

（6）三限原则。不要给客户犹豫的机会，给出当下决策的理由，刺激当下的行动，拒绝拖延。通常有三种方法：稀缺性（数量有限）、紧迫性（时间有限）、价值性（限价，下期涨价策略）；

（7）零风险/负风险承诺。零风险/负风险承诺是杀伤力最大的武器，也是成交前的最后一步，要消除客户心中的顾虑，主动为客户承担风险，让客户感觉无风险甚至是负风险，这样能大大提高转化率。

在成交环节中，非常重要的一点就是价值不到，价格不报。

所以一定要先塑造价值，再进行成交，哪怕是对一件小小的礼品，都要进行价值塑造。

8. 闭营仪式

在训练营结束以后，一个必不可少的环节就是举行闭营仪式或者毕业典礼，让训练营有始有终。

闭营仪式是正式向所有学员宣告本阶段的训练结束，同时即将开启下一阶段的训练。

闭营仪式其实也是一个成交转化场，通过对训练的结果进行总结、对优秀的学员进行嘉奖，以让更多学员产生荣誉感和收获感，对于成交转化是非常有帮助的。

闭营仪式的主要内容：

（1）学习回顾。即学了什么、收获了什么、重点有什么、增加了哪些收获感、测试题的讲解等；

（2）榜样展示。包括通知书、作业表彰、优秀分享等形式，也可以是"实物＋奖金"；

（3）转化植入。闭营阶段是最容易实现成交转化的阶段。

随着互联网技术的发展，闭营仪式从原来的图文形式逐步向直播形式转变。

直播是一个更有利的宣传裂变方式。

以笔者参加过的一个营销类培训活动为例，最终的闭营仪式是每个组的优秀学员代表和知名的导师在直播间进行连麦分享。闭营仪式在整个直播间进行了大约5个小时，吸引了很多公域流量的人群来围观，这对训练营来说起到了非常大的宣传裂变效果。

还有一个专业做女性商业营销培训的机构，其直接和优秀学员一对一连麦答辩，通过答辩直接帮助学员吸引粉丝，留存粉丝。学员甚至可以通过留存的粉丝直接进行销售转化，赚回学费。

这种展示的设计其实就是一种良性、动态、相对开放的沟通和宣传形式，在这样的场域里，学员的体验感一定是很强的，那么此类学员也一定更容易申报更高级别的课程。

9. 超值收获：效果外现

宣传外化也是超值体验的一种外化形式。就像学生期末有大红花、奖励一样，这些都代表肯定和成就。

许多训练营都会给学员进行积分奖励和考核。这种形式一方面可以促进学员之间的联系和提升打卡效果，另一方面通过奖励可给予学员成就感。PK机制能刺激学员成长，使学员收获成就感，而成就感又能激发分享，从而产生一个良性的循环。

（1）积分方式：完课、打卡、接龙、分享、点赞、评论、小组讨论、班会、优秀作业等。

（2）奖励形式：

①奖状证书类。发放电子证书或者实体奖状、奖杯类；

②身份类。比如克亚营销团队推出的《营销新经》联合出品人；

③荣誉类。勋章、奖牌类；

④实体礼物类。比如签名售书、产品套装等。

高转化的社群发售技巧

成交 = 需求 + 信任 – 风险

影响线上训练营转化率的因素有完课率、出勤率、打卡率、活跃度等。这些都是在整个训练营的过程中完成的，通过课程设计、流程设计、服务环节设计等来执行落地。而影响转化率的最重要的环节是成交发售，通过预热、造势、发售、追售等来完成最终的成交（见图4-8）。

预热 》 造势 》 发售 》 追售

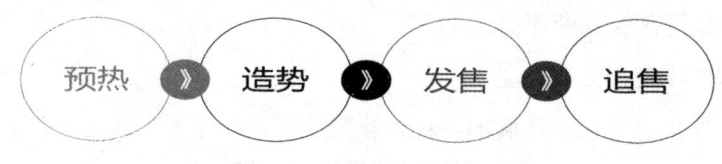

图4-8　训练营社群发售环节

社群浪潮式发售设计

1. 预热环节

预热环节传递的内容，主要以挖掘需求、塑造价值为重点，即铺垫公司价值、训练营价值。

训练营前期的预热铺垫，经常采用的方式如下。

（1）课程埋点。在体验课中通过导师的课程引入正式课的价值，介绍某些只在正式课中呈现的内容，为正式课程的成交进行埋点。

（2）一对一私聊。通过私聊的方式，了解客户的需求，然后针对需求，推出正式课程的某个卖点，引导客户关注。

2. 营销造势

如果将预热部分形容为潜移默化，那么造势就可以称为蓄势待发。

经常采用的方法有：

（1）特定阅读材料的推送，放大客户的痛点和需求点，用大量案例吸引客户注意，让优秀学员现身说法、参与社群讲座（答疑）；

（2）通过班会总结、往期优秀学员的分享，或者更高级别的课程所包含的资料、文件、成功案例的输出等，增加可信度，这也就是我们常说的好物推荐阶段。在此环节通常会宣传创始人故事、公司故事和理念，以塑造价值；然后以案例的方式呈现，加深客户信任。

3. 引爆发售

该环节的操作思路是引爆势能→优惠活动→限时限量→倒计时。

在发售的正式环节，推出产品时要提前设计好成交主张。比如对产品进行塑造，与竞品对比，产品的独特优势是什么？优惠政策是什么？零风险承诺是什么？三限是什么？追售的策略是什么？如何刺激群内没有成交的客户转化成交，如何促成已经成交的客户继续进行高客单价转化成交。

要想刺激群内的发售氛围，激活客户的感性消费场景，常用方法有以下七种。

（1）水军法。安排工作人员积极响应指令，带动社群的成交氛围，为社群的成交氛围升温。

（2）群接龙法。营造火爆的场面，以接龙的方式带动犹豫的客户，刺激未成交的客户。

（3）订单雨刺激法。原理和群接龙法相似，但在形式上会更壮观和有趣，成交氛围更浓厚。

（4）一对一私聊解决卡点。一对一的私聊转化是最常用的方式，可以对未参与群活动的学员进行激活和转化，通过价值主张和话术刺激犹豫的客户下单。

（5）超级赠品叠加法。通过订单阶梯的方式分阶段、分批次地释放超级赠品，达成叠加的效果。优惠效果的叠加能更好地刺激成交转化。

（6）倒计时逼单法。通常来说，成交主张中必须有限时策略，这样能让成交更有效率。在社群中，不停地进行倒计时海报发送，一般以小时为单位，最后一个小时则以 20 分钟或 10 分钟为单位。需要注意的是当倒计时结束，活动必须结束，否则会失信于已成交的客户。

（7）成交数逼单法。指的是基于社群的群体氛围，烘托成交温度，发布爆单海报，营造出火爆的成交场景。比如赠品还剩××份，或者××份已被抢空，名额还剩×××个。利用从众效应，刺激更多学员下单。在这种情境下，报名的人越多，客户的决策成本越低。

4. 追售

发售活动的结束只意味着社群成交环节的结束，因为社群是一个公开的权威场合，必须严格按照流程进行。

发售结束不是成交流程的结束，在正式的发售环节结束后，再与目标客户进行一对一沟通追售，同样能打造成交节点。沟通追售是提高成交转化率、提高成交金额最常用的方式，也是常常被我们忽略的环节。

追售有两个方面：一方面是对已成交的客户转化更高客单价；另一方面是对没有成交的客户（未下单客户）进行成交的沟通。

（1）追售未下单客户。活动结束后，如何刺激没有下单的客户成交呢？

第一步：告知对方本次活动的成功，感谢所有学员的支持。活动结束后询问对方是否抢到了优惠。

第二步：为对方没有抢到优惠表示遗憾并询问原因。

第三步：根据对方回答的原因进行相应动作。

如果客户错过了活动，可以用"内部名额或者临时空缺名额"的话术促进转化；如果客户存在顾虑，可以暂停转化，将沟通的重点放在价值塑造和案例的分享，等下一期再进行二次转化；如果正式课提供体验的名额，可以针对此类客户进行二次的体验和转化。

切记：在一对一的销售转化沟通中，不要过度推销，要以倾听客户的想法为主，理解客户并给出解决方案，要通过提出专业建议、分享成功案例等方式进行沟通。

（2）转化已成交客户更高的客单价。想要转化更高的客单价产品，就要给出更高的成交主张，让客户感觉物超所值。这时的成交主张可以对权益、身份、荣誉等内容进行组合。

比如，以3980元成交形象设计私教课后，补足差价3000元，就可以加入蜜友会，获得蜜友会的权益。

再如，成交后升级成为合伙人，可以享受一年的最低折扣权益。

当然，以上的追售方式只是一种建议，在具体的情境中，我们可以根据实际情况进行调整和优化。

五个动作，让用户主动报名

要想做好训练营的转化，前文提到的每一个流程环节都非常重要。对成交动作而言，要综合能够接触客户的节点，做好每一个节点的执行工作，方能有效提高转化率。

这就要求运营人员抓好多个转化触点，加深与客户的连接，按照体验→信任→成交的流程，构建成交的路径。

攻克客户的关键窍门有以下五个方面。

1. 转化触点

什么是转化触点？就是在训练营中能够促使客户下单的接触节点。

主要分为以下两种形式。

（1）课程埋点。在合适的时间通过合适的方式释放"钩子"，比如在课程中引入后期的产品。

常用的方法有：

①在体验课中讲理论，在正式课中讲实操；

②在体验课中提到系统的解决方案，只介绍其中的小类目，把其他类目放在正式课中；

③在体验课中提到解决方案、需要的产品、服务及技能需要在正式课中获得。

（2）一对一私聊。一对一私聊是最重要的转化路径。需要布置一对一私聊环节的节点如下。

①了解客户需求。

②询问学习进度。

③调研体验课的满意度，以及正式课的购买意愿。

④了解客户不立即下单的犹豫点。

值得注意的是，虽然社群是批发式成交，但我们仍然不能忽略一对一的成交法则。通过在不同的时间节点接触客户、服务客户和了解客户，才能更好地为客户提供解决方案，再让客户为这个解决方案买单。好的社群在线销售需要具备非常强大的一对一沟通（私聊）技巧。通过私聊建立信任的常见触点如下。

营前沟通：自我介绍、简单品宣、告知学习安排、收集用户信息、进行用户调研、进群规则通知、开营仪式重要内容合集分享。

训练环节：催上课、催作业、学习打卡、学习回访、作业点评、作业点赞、获奖鼓励。

销售转化：成单分类、用户画像、用户分层、建立信任、用户跟进。

闭营转促：发放奖励、系统介绍、价值塑造、倒计时逼单、限时限价逼单。

2. 判断客户的状态

埋好触点，在了解用户的情况后，为了保证后期的转化效果，在一般情况下我们还可以根据收集到的内容对用户的需求状态进行摸底，并根据其状态进行有针对性的引导转化。

用户意识的六层阶梯：

阶梯0：没有意识到需求。

阶梯1：意识到需求（但不知道有解决方案）。

阶梯2：找到一些解决方案（竞品）。

阶梯3：意识到明确的解决方案（但还不了解该方案的优势）。

阶梯4：意识到益处（但不信服）。

阶梯5：相信并且准备购买。

针对不同的状态，采用不同的方式和客户进行沟通，我们才能有效地提升沟通效果。

3. 成交环节的重点：价值塑造 + 挖掘痛点 + 给出方案 + 信任 + 成交主张

科学营销人浦江曾说：科学营销，就是在果农的果树上找到他们想要的结果，然后把这个结果卖给他们。

其实，成交转化的核心目标就是帮助客户实现改变，为客户减轻"痛苦"，实现"客户的梦想"。

线上、线下卖货的原理是相通的，成交的底层逻辑是塑造价值→挖掘痛点→给出方案→通过案例增加信任→抛出诱人的成交主张。

所以，在正式的发售环节，第一个动作就是塑造即将销售的产品或服务的价值，结合或放大客户的痛点，比如，保持现状将会导致什么后果。

然后，结合产品或服务给出较为具体的解决方案，帮助客户实现梦想和目标（注意：不要涉及单独的产品）。

接下来，利用"客户见证"的案例进行进一步的说服。

最后，给客户一个立即成交的理由或指令，刺激转化。

4. 转化策略设计

（1）优惠策略。创造优惠，可采用折扣、拼团、换购、抵购、抽奖、超值赠品等方式。

（2）从众效应。利用微信群从众效应激发客户的购买冲动，可以采用晒单返现、群内接龙等方式。

（3）口碑效应。让能力更强的老师、领袖人物等进行分享，或让往期的学员进行分享，增加客户的信心。

（4）稀缺效应。可以采用秒杀、限额、限价、涨价、预售等方式。

（5）服务承诺。零风险/负风险承诺，不满意即退款，刺激用户做出最后的购买决策。

5. 水军剧本设计

在转化过程中，学员应将付款截图发到群里，以便核对；同时，让还在犹豫的学员看到成交人数，产生一种从众心理。此外，还要安排水军调节群内气氛，进行聊天、询问等，让活跃的氛围持续一段时间。这种方法适合用在客单价比较高的课程上。

（1）往期学员分享。可以邀请往期学员进行分享，表明课程的价值。

为了提高分享内容的真实性，最好配上好评截图或晒单图。

（2）回答疑问。通过水军提问、主持人回答的方式，解答学员可能产生的疑问。例如：

课程多长时间？

是否可以无限复听？

听后仍不会做怎么办？

啥也不懂的小白适合听这个课程吗？

送赠品什么时候结束？

如何才能拿到超级赠品？

明天还有赠品吗？

……

以上就是在训练营转化过程中，影响成交转化的关键路径和底层逻辑。

社群发售的每一个环节都会直接影响最后的发售结果，所以在转化前，一定要精心打造所有的节点，设计合适的内容。要在潜移默化中影响客户，尽量减少推销的痕迹，更多地让客户体会到自己的进步和不足，要渲染课程的价值和超值的服务，从而实现更多的客户转化。

第五章

私域运营：视频号运营与直播落地方案

为什么一定要做视频号

在腾讯发布的2021年第四季度和全年财报中,视频号的提及次数超过了微信。财报显示,视频号的人均使用时长及总视频播放量同比增长了一倍以上。

虽然视频号的初衷是抢占短视频市场份额,提升用户参与度,但不可否认的是,腾讯非常看好视频号背后的商业机会。

对于普通人来讲,这也是一个全新的机遇。

视频号的优势

视频号的优势有以下两点。

1. 覆盖用户更多,市场更下沉

作为国内最常使用的社交软件之一,微信有超过12亿的用户。依托微信诞生的视频号,其天然拥有比抖音、快手等更大的流量池。很多用户可能不会下载其他短视频平台,但下载微信几乎是他们的必选项。

视频号的出现进一步完善了微信生态,各渠道的打通更加方便消息的传播。针对喜欢分享的用户群体,微信的传播自循环机制给他们创造了表达观点的机会,提高了用户活跃度。

2. 账号冷启动方便快捷

生长在微信中的视频号具有和微信一样的社交属性,每个用户都有自己的基于微信的社交圈子,都有自己的小规模流量。

在视频号建立初期,号主通过社群、朋友圈、私聊等完成直播或者短视频的最初传播，获取基础量点赞。如果号主在自己的社交圈层中表现良好，就会被算法推荐，实现直播和短视频的破圈，从私域进入公域。

可用十个字总结：**社交冷启动，算法热推荐**。

视频号的传播逻辑

视频号的传播逻辑有以下三个方面。

1. 社交冷启动

在视频号的传播路径中，点赞等于转发，这个逻辑是视频号所独有的。

微信的算法认为，能成为微信好友的人，他们的社交圈层有很大概率是重叠的。所以，当某段视频被某个用户点赞，就会被视频号"官方推荐"给他的微信好友，并显示哪些好友进行了点赞，以图5-1为例。

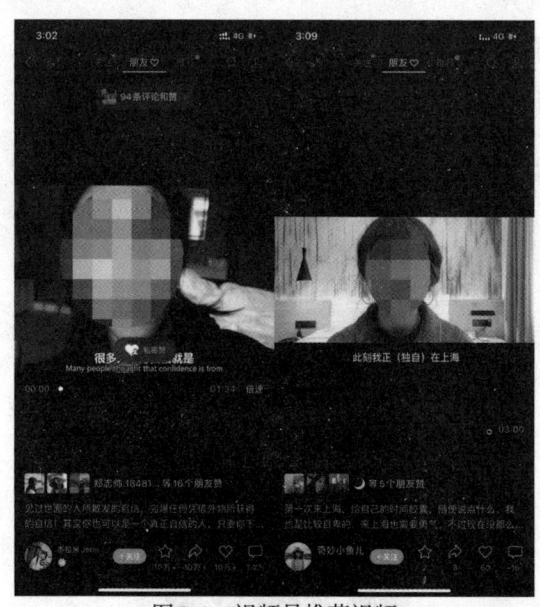

图5-1 视频号推荐视频

对这两位博主，我既不认识，也不关注，但他们的短视频依然出现在了我的视频号首页。

为什么呢？我们可以根据图5-1中左侧的图和右侧的图中的一些数字来分析一下。

在左侧的图中，这条视频的收藏和点赞虽然很多，但更重要的是我有16位好友都点了赞，这条视频就顺理成章地出现在了我视频号页面的首位，引导我去关注。

在右侧的图中，这条视频的点赞量为60个，比起左侧的图差距不小，但这条视频同样被推荐给了我，因为我有5个好友对此点了赞。

对比来看，左侧图的视频里出现的人可能是我不认识的大V。右侧图的号主奇妙小鱼儿，可能是我好友的好友，一个素人。

从这两条视频在我的页面显示出来的数据中可以看出，视频号保持了微信"鼓励原创"的原则，其内容占比很重，给素人提供了一个可以和大V同台竞技的机会。可见，若想要创作出爆款视频，实现破圈，就要好好打磨内容，达到算法推荐的标准。

2. **算法热推荐**

视频的评价效果主要包括点赞率、转发率、评论率、完播率（见图5-2），以及内容是否传递正能量、是否符合公序良俗等几个方面。

图5-2　私域尹校长的某个视频

其中，有以下两点需要注意：

（1）优质的内容会被反复推荐，发布内容时要注意垂直度，符合视频号的整体定位，不要一味地追求热点；

（2）完播率是核心指标之一，完播率越高，内容越优质。若想要提高完播率，就要认真打磨内容和时长，在尽可能短的时间里创作出具有吸引力的内容。这样的短视频才能吸引更多的公域流量。

3. 五度推荐机制

众多号主经过长期测试，得到以下结论。

在作品发布后，视频号官方会对短视频进行五次推荐（见图5-3），分别为3小时后、12小时后、24小时后、48小时后，以及72小时后。只要能抓住这5次推荐机会，就有成为爆款的可能。这就是视频号的五度推荐机制。

视频号推荐规则（非公开）：

3+12+24+48+72

前3个小时，非常重要！

图5-3 视频号的五度推荐机制

视频号的推荐机制进一步证明了腾讯官方的态度：只看内容，不看其他。

视频号的前景

以往腾讯也试图通过独立App抢占短视频市场，微视就是在这样的前提下出现的。但即便同属于腾讯系，截至目前，微信庞大的流量并没有对微视产生非常明显的助力。

究其原因，一方面是市场上已经有抖音、快手等成熟的软件，竞争激烈；另一方面是因为培养用户习惯需要付出巨大的运营成本，作为独立App，微视脱离微信生态后，无异于单打独斗。

显然，根植于微信的视频号是腾讯的一次战略级决策。

对大部分用户而言，只要已安装的软件能实现所需的功能，他们并不倾向于再安装和使用新的 App，这就是微视始终无法破局的一大因素。

视频号的加入，正是利用了用户的这种心理，为微信带来了新的价值。

1. 稳固微信的地位

从一开始的通信工具发展到如今的国民级的社交软件，微信培养了用户的支付、聊天、阅读等各种习惯。视频号的加入，弥补了微信在短视频上的不足，完善了微信生态。

2. 打通微信的各种触点，形成闭环

目前视频号的定位是私域与公域的交界点，将朋友圈、好友、公众号、小程序等各功能更加紧密地联系到一起。大家同属于微信，不存在流量流失，形成了一个完整的闭环。

3. 提升商业价值

一直以来，微信都以社交平台的形象出现在用户心里，即使它有小程序来承担用户的商业行为，也没有成为消费者首选的主流购物平台。视频号的加入，让微信承接了直播带货的功能，让小程序的电商属性得到了充分发挥，创造了更多的商业价值。

目前视频号的发展已经证明了它的价值，微信通过视频号在商业市场获得了新的关注度。可以预见的是，微信的很多用户会慢慢习惯在视频号购物、分享生活、学习知识、观看演出等。

用户习惯的养成需要时间的沉淀，这些时间差就是普通人和企业发展的机会。

对视频号的布局，宜早不宜晚。

做视频号之初必须要知道的3件事

定位不对，努力白费

定位是创建账号前首先要确定的事情：**定位不对，努力白费**。下面以恒游同创 CEO 松明的账号为例，从三个方面论述如何找到合适的定位。

1. 明确目标：账号的用途

常见的账号类型有单纯分享类、知识变现类、直播带货类、推广变现类等。一个账号只能有一个目标，不可贪多。

松明的账号定位一共经历了四次调整：

（1）第一次定位于招商加盟、资源链接以及产品销售，但由于涉及的范围太宽泛，拥有的资源优势和实力都不足以支撑业务的推进，所以高估了自己；

（2）第二次定位于私域新零售领域，更贴近原本的业务。调整后的业务导向虽然更加明确，但账号的名字太长，不便于记忆，便将"松明帮你做私域"改为"做私域找松明"；

（3）第三次定位是通过私域新零售的案例、知识点拆解、行业大咖直播连麦等动作，尽管账号快速涨粉，但创始人松明的个人优势却没有发挥出来。同时，因为分享的内容过于专业，没有带来很好的传播效果；

（4）第四次定位是创建视频号矩阵，多样化呈现内容。企业视频号发布知识型干货，个人视频号则发布带有感情的内容：创始人账号内容为创业思考、电商圈子、嘉宾连麦等；员工账号则发布拜访客户的动态视频、行业分享等内容。

2. 提供价值：账号能解决的问题

这部分内容很好理解，比如，我们的账号日常分享的干货能够解决观众的认知问题；再如，直播带货解决的是基本的衣食住行等刚需问题。

3. 坚持发布：持续生产内容

对大部分人来说，起号的过程是靠日积月累的坚持。如果在发布内容前，不结合自己的实际情况做规划，最后将只能无奈断更。发布的内容最好与自己的日常生活密切相关，因为只有利用每天都能接触的场景，才能支撑更新所需的素材。

注册视频号的注意事项如下。

（1）昵称不可重复，当想到合适的昵称需要尽快注册。同时，一年内有5次修改昵称的机会，但如果是认证过的视频号，就需要先取消认证。

（2）若注册企业号，昵称需设置为与公众号同名的昵称。站在品牌运营的角度，一个企业的品牌在不同的平台上的名字都应该保持一致。

（3）对企业而言，需要提前布局公司视频号矩阵。为员工配置工作手机，创建个人视频号，注册品牌名称，构建品牌资产，打造视频号矩阵。

视频号三件套如何设计

1. 昵称

好的昵称通常要满足三个条件：简单好记、常用字和画面感。

而合格的昵称至少要满足上述三个条件中的一个。昵称不宜过长，2~6个字符即可，要围绕账号定位，突出优势、成果或者愿望等信息。同时，也要尽量避免生僻字、符号等不易输入的信息，降低记忆和传播难度。

画面感可作补充，不是必须满足的条件。当然，如果你是从事文字工作的人，你的昵称若能让人联想到画面，也是一个优势。

除了以上三个基本条件之外，还需要完成以下两个步骤。

（1）搜索备用昵称的热度。通过微信指数小程序（见图5-4），可以看到在整个微信生态内某个关键词的热度。最好不要使用热度过低的词汇，否则会拖慢起号的进度。

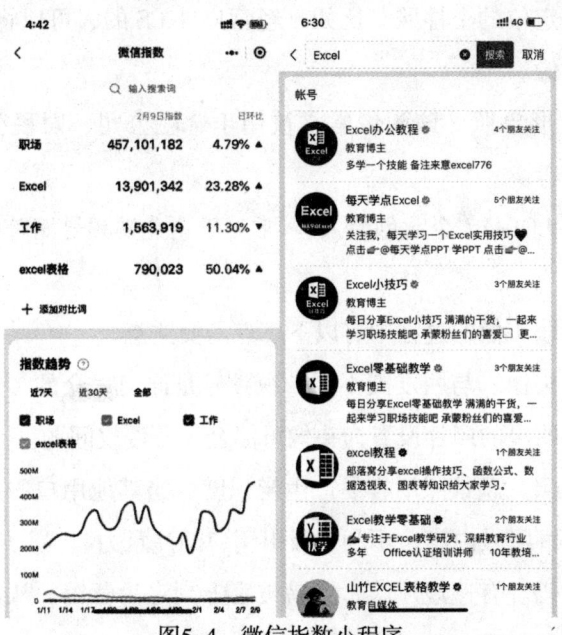

图5-4 微信指数小程序

（2）搜索竞争对手。搜索的排行也会影响账号的热度，对普通的用户来说，在搜索某方面信息的时候会更倾向于点击排行在前的账号。所以，如果同领域中已经有热度较高的账号了，需要通过调整比这些账号更靠前。

前文提到过企业要提早布局视频号矩阵，矩阵的昵称设置与个人号又有所不同。在这里笔者列举了以下四个昵称，可供参考。

（1）品牌名＋昵称。适合矩阵中的员工号。

（2）创始人的名字。可以创建多个视频号，以编号区分，充分体现账号的温度。

（3）IP名＋领域。多运用在母婴、儿童教育等企业。

（4）栏目名。将社群、栏目等联系在一起，保持一致。

2. 头像

有以下四种比较适合的类型。

（1）个人生活照。这种头像比较真实，能拉近与粉丝的距离，有利于加深粉丝对号主的信任。

（2）围绕定位的个性照。比如，经营户外 CS 的人可以将穿着 CS 服装的照片当作头像。

（3）专业形象照。该头像常常被用于金融公司、财税公司、保险公司、知识付费等。

（4）品牌 LOGO（企业创始人）。常见于企业视频号矩阵的官方号、员工号等。

另外，选取头像的过程中有以下三点需要注意。

（1）明星头像。与朋友圈不同，视频号是面向大众的，如果账号的目的是变现，将明星的照片设置为头像可能会涉及侵权问题。

（2）风景照。风景照不容易产生辨识度，当其他用户看到这种头像时不容易快速了解账号内容，不利于吸引用户的注意力。

（3）二维码。有违规风险，容易被官方判定为营销，从而扣除视频号的信用分，影响权重。

3. 简介

比起其他平台，视频号的简介可以包含更多的内容。

（1）支持多行编写，允许排版，号主可以自由设计。

（2）支持添加表情，可以让简介呈现多种风格，增加辨识度。

（3）支持添加引流信息，微信生态内的所有触点都可添加在简介中。

简介是对个人信息的补充和完善，一份优秀的视频号简介一定包含以下四个要素：

彰显身份（成果）+ 提供价值 + 排版清晰 + 合理导流 = 完整简介。

下面以两种不同身份的号主简介为例。

（1）萧大业老师（见图 5-5）。个人标签（企业管理专家、创业导师、

第五章　私域运营：视频号运营与直播落地方案

天使投资人、培训师），成就（单条视频播放超过2.4亿次、中国互联网协会中国好主播年度达人等），引流（微信、公众号）。

萧大业
教育博主
男

| 企业管理专家 | 创业导师 | 天使投资人 | 培训师 |
单条视频播放2.4亿次　《视频号运营攻略》作者
加V：
2021 中国互联网协会中国好主播年度达人
2021 金视榜年度最具影响力人物奖
2021 视频号意见领袖大会腾云奖
2021 房ън视频号风云人物奖
2021、2020视灯视频号年度最佳操盘手
2020 金视榜年度视频号峰会最具人气大奖
2020 视频号号榜教育类博主排行第一
2020 视频号金V指数排行榜排名第一
2020 视频号年度峰会教育博主第一
公众号：萧大业
IP：上海　MCN：大业传媒
4个朋友关注

图5-5　萧大业老师的视频号简介

（2）末末熊陪你做到（见图5-6）。这位号主是一位宝妈。平台认证的是生活自媒体，身份（二胎妈妈，机构投资人，万人社群销售冠军教练），愿景（10年帮助10000个普通人，活出自己，活出影响力），价值（每周一三五早上固定做直播），引流（微信、公众号）。

末末熊陪你做到
生活自媒体
女　江西　南昌

我的微信主号：
▲百人团队5:00早起直播发起人、私域销售变现教练
▲使命：未来10年帮助10000位普通人，提升生命能量、活出自己、活出影响力。
▲读书、健身、投资、写作、直播、帮朋友、陪家人。
▲线下教育培训机构投资人、二胎妈妈
▲如果有生命力、不自卑，就会有超越~~
公众号：末末熊
IP：江西　MCN：微信互联网创业
1个朋友关注

图5-6　末末熊陪你做到的视频号简介

除了个人号外，企业也会申请视频号。对企业视频号而言，简介是一个很好的广告位。

131

企业视频号简介的最好的模式，就是表明公司的业务以及福利。

以秋叶PPT的视频号简介（见图5-7）为例，其第一句话就让品牌具有了人格化的魅力，且很直白地表明了公司可以提供的服务以及可以解决的问题。最后则展示出版的图书和送出的福利。

秋叶PPT
武汉幻方科技有限公司

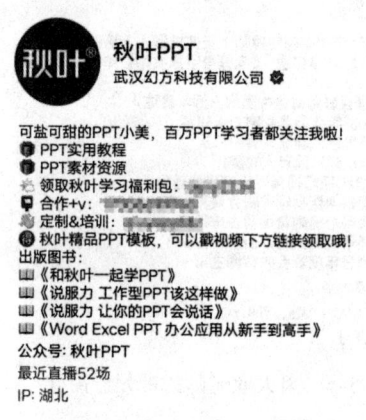

可盐可甜的PPT小美，百万PPT学习者都关注我啦！
- PPT实用教程
- PPT素材资源
- 领取秋叶学习福利包：
- 合作+v：
- 定制&培训：
- 秋叶精品PPT模板，可以戳视频下方链接领取哦！
出版图书：
- 《和秋叶一起学PPT》
- 《说服力 工作型PPT该这样做》
- 《说服力 让你的PPT会说话》
- 《Word Excel PPT 办公应用从新手到高手》

公众号：秋叶PPT
最近直播52场
IP：湖北

图5-7 秋叶PPT的视频号简介

这是比较典型的企业视频号简介的格式，可以直接套用。

如何借助官方，获得流量加持

视频号认证一共有4种标识（见表5-1）：黄V、灰V、白V和蓝V。

表5-1 4种视频号认证标识

类型	有效关注粉丝	图标
完成兴趣领域认证的个人账号	≥1000人（注：原创计划500人）	✓
完成兴趣领域认证的个人账号	≥5000人	✓
完成职业/兴趣领域认证的个人账号	≥10000人	✓
认证的企业或机构	/	✓

除了蓝V是企业或机构利用工商材料申请以外，其余3种都是以粉丝

的数量为基础的对个人账号进行的登记划分。下面介绍一下视频号认证的优势、方式以及申请认证的注意事项。

1. 认证的优势

（1）有明显的标识，可以更加凸显身份。

（2）在微信生态进行关键词搜索时，认证过的账号排名会更加靠前。

（3）发布的短视频可获得优先推荐机会。

（4）内容自由度更大，审核不会过于严格。

（5）获得后台功能支持，如推流直播等。

（6）当账号出现问题申诉时，回复会更快。

2. 认证的方式

不同类型的视频号，有不同的认证方式（见表5-2）。

（1）企业认证。需要和企业的公众号同名，且一个公众号只能认证一个视频号。

（2）职业认证。其他平台的大V入驻视频号可申请职业认证，因为大V一般自带大体量的粉丝，拥有较高的起点。

（3）兴趣认证。通常针对没有很多势能的素人账号。目前，视频号官方推出了一个原创计划，只要参加这个计划，只需500粉丝就能得到认证。

表5-2 不同类型的视频号认证方式

	企业认证	职业认证	兴趣认证
账号名称	与公众号同名，唯一，不可重复	唯一，不可重复	唯一，不可重复
认证条件	已经认证同名公众号申请，需公众号管理员扫码确认	适合个人真实身份申请	适合个人真实身份申请
认证基础	有已经认证的同名公众号	1. 近30天发表一个内容 2. 已填写简介 3. 有对的应职业证书	1. 近30天发表一个内容 2. 已填写简介 3. 满足视频号1000粉丝的基础
认证费用	免费（一年2次认证机会）		

当然，视频号认证不是只要申请就能通过的，还需要遵守相关规则。

3. 申请认证的注意事项

（1）除了政府媒体，其他企业或组织最多只能认证2个视频号。但个人的身份证可实名认证5个视频号。

（2）一个视频号一年只有2次申请认证的机会，以及2次修改机会。

（3）没有经过认证的视频号不适合进行销售、带货等商业行为，否则会被官方降低权重。

目前，视频号处于高速发展期，为了吸引更多用户，腾讯官方推出了一个扶持原创内容的小程序——微信视频号创作者社区。在这个社区中，共包括优创计划、创作者课堂和热门活动三个板块（见图5-8）。

图5-8　视频号创作者社区

其中，热门活动都是由腾讯官方发起的主题活动，只要参加并且发布与活动主题相符的内容，就能获得官方的曝光。更有价值的是，通过主题活动吸引来的流量都比较精准。所以，为了大大提高被推荐的概率，只要发现与账号定位有关联性的活动，最好选择参与进去。

优创计划（见图5-9）则是视频号官方针对新人作者推出的助力活动，分为舞蹈、美食、颜值等29个垂直领域。只要进入优创计划，官方就会直接给予冷启动的流量曝光；而且，经过白V认证的视频号主更容易加入

第五章　私域运营：视频号运营与直播落地方案

优创计划中。

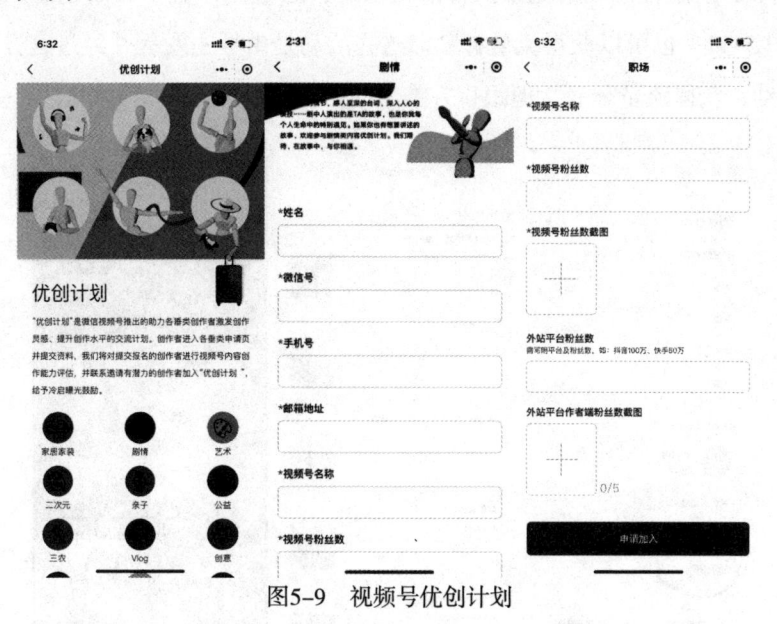

图5-9　视频号优创计划

最后是解决视频号基础问题的创作者课堂（见图5-10）。在这个板块中包含了关于平台规则、内容创作以及各种运营技巧等教学内容，针对的主要是对视频号不太了解的新手。

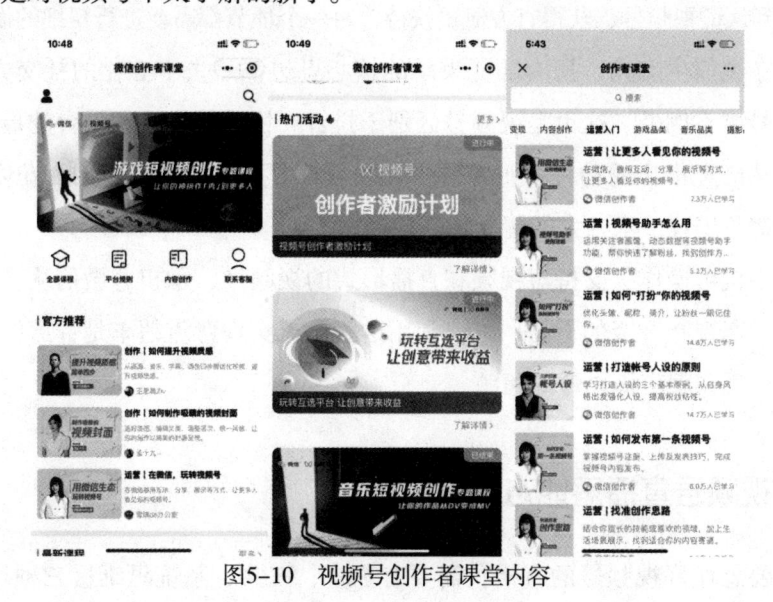

图5-10　视频号创作者课堂内容

135

除了创作者社区的流量扶持活动以外，通过创作者中心的创意风向标（见图5-11）也可以获得流量补贴。这些活动是由号主发起并经过官方认可的活动，获得流量曝光。但跟官方推出的活动相比，其曝光量相对少一些。

图5-11 视频号创意风向标

以上就是有关视频号的设置内容，从明确定位、注册视频号、完善账号信息到认证视频号、获得官方流量扶持，每一个环节都需要进行精细的设计。

在微信生态内，所有功能秉承的核心思想都是去中心化的社交方式，视频号也不例外。这也是视频号区别于抖音、快手等短视频平台的最大特点。从已经推出的种种规则来看，视频号官方更倾向于用户的百花齐放，尽量避免出现一家独大的情况。

手机可操作、支持短视频和直播形式的视频号，承担着微信从静态图文向动态视频升级的重任，如何利用这股东风实现弯道超车是普通创作者和企业现在就应该思考的问题。

视频号直播落地方案 SOP 流程

要想做好视频号的直播，需要有三真、三共、系统思维这三种意识。

不管做什么类型的直播，这三种意识都贯穿于视频号直播前中后的每一个环节。

首先，是三真。即真人出境、真实故事、真诚表达，这些是直播的基础。不能弄虚作假、捏造事实，否则会失去观众的信任。若人设崩塌，自然也不会长久。

其次，是三共。即共性、共情、共鸣。讲述的东西需要建立在真诚的基础上，要和受众结合起来，要讲别人需要的内容且所讲内容能够给别人带来价值，引导受众产生更多的思考。

最后，是系统思维。要做好直播，仅关注直播的过程完全行不通。无论是个人还是企业，要想做好视频号的直播，都需要具有从头到尾的系统思维，包括直播前准备、直播中流程、直播后的复盘和交付，将每个环节都做到位才能形成良性循环。一开始效果不明显，也不用担心，只要形成了闭环，效果就会像滚雪球一样越滚越大。

以上直播的三种意识中，最有成长性价值的就是系统思维。对此可以从直播前的准备、直播中的流程、直播后的复盘交付三个方面来分析拆解，找到如何做一场有效的直播的答案。

九步准备动作，人人都能做好直播

不管是个人还是团队，直播的流程大同小异，每个人都有不同的观点，笔者按照自己的经验，将其分为了九个步骤。

1. 做好分工

所有的事情都是人做的，所以分工特别重要。要将分工写到脚本和方案里，直播前每个人应该准备什么，直播中谁是助手、谁是辅播，直播后谁来总结，都应该明确到人。

直播时，如果主播邀请了一些熟悉的大咖给自己造势，在多人的情况下，怎么去分工？

笔者曾实操和观摩过很多场直播，根据经验把整个直播流程分为了7个步骤，相应的人员分工安排如表5-3所示，7个步骤分别是统筹安排、主播/主持人、嘉宾安排、宣发、记录问题、直播间互动、直播后交付。

表5-3 人员分工安排

序号	事项	负责内容	注意事项	时间段	负责人
1	统筹安排	1、协调商家 2、安排团队 3、硬件测试 4、输出内容 5、组织宣发 6、持续引流 7、输出报告 8、回访嘉宾 9、形成转化	各环节留影形成闭环，形成可复用、可售卖的文档	全天	
2	主播/主持人	1、直播前测试 2、直播前嘉宾沟通 3、直播中暖场、控制节奏、抽奖、观众互动、售卖圈子	进行圈子售卖转化	20点~22点	
3	嘉宾	1、直播间准备工作 2、直播中，连麦讲述故事	提前连麦准备	20点~22点	
4	宣发	1、直播前预约 2、直播中引流 3、直播后输出报告，引导转化	形成闭环	全天	
5	记录出现的问题	1、全程录制视频 2、记录嘉宾和松老师的金句	认真听	20点~22点	
6	直播间互动	1、负责直播间互动评论、疑问解答 2、在宣发群里调动大家，一起进行点赞，赠送小心心	调动大家，每30分钟提示一次	20点~22点	
7	直播后交付	1、松老师送的奖品、红包 2、成交的客户交付 3、商家送的礼物，收集地址	及时性	25日22点~26日上午	

可以看到，其实在直播前我们已经做了直播后的考虑，这就是系统思维的表现。提前做好规划，对所有的工作才能游刃有余。

还有一点，在直播的不同时间段分别应该做什么事情、对应什么样的人员，同样要提前安排（见表5-4）。把事项安排给合适的人也是特别重要的一环。

表5-4 直播福袋/红包设计

时间段	抽奖	福袋/红包	数量	重要事情
20:00~20:05	第一轮	20个群，社群关联红包，20元	分30个	嘉宾准备
		福袋红包10.8元	3个	
20:10~20:25	第二轮	福袋：木门膠精	2~3份	看在线人数，再决定2/3份
20:30~20:45	第三轮	福袋：木门膠精	5份	告知嘉宾，有圈子的事情
		20个群，社群关联红包，20元	分30个	
20:45~21:00	第四轮	福袋：木门膠精	2~3份	看在线人数，再决定2/3份

第五章 私域运营：视频号运营与直播落地方案

最后，需要强调的是在这个环节一定要做互动测试。

和观众的互动一定要提前做好预演，知道怎么引导关注、怎么让观众添加微信。直播间所讲的内容非常有限，观众能够专注的时间也有限，因此一定要反复练习这种关键动作。

2. 遵守直播规则

开播前，一定要熟知直播规范，遵守直播间的规则，否则会被限流甚至强制关停直播。

图5-12中有左、中、右三张图，图中的内容是微信视频号官方的直播禁忌规则。如果在直播间出现政治、色情、违法违规、过度营销等内容，或者出现图5-12中间的图片里显示的这些内容，就会被扣除信用分。分数一旦低于80，账号就会被封禁；80分以下，账号会被禁止发布动态，零分则会出现永久封号。

图5-12 视频号信用分规则和处置方式

3. 设备支持

在直播过程中需要用到的声卡、三脚架、手机以及直播场景，都需要提前备好且被测试过，才能确保直播镜头是流畅的、完整的。

下面以我们做知识类分享直播布置的场景为例（见图5-13）。

图5-13 直播工具和场景布置

整体看起来比较简单，因为它并不是售卖产品的直播间。

进行直播时，要根据自己的直播间定位来搭建直播间场景。

关于设备的准备，直播前可以用一张点检表（见表5-5）来进行设备盘点，避免遗忘。

表5-5 直播前设备点检表

阶段	步骤	目的	实施	设备名称	设备数量	设备作用	是否需要充电	备注
直播前	拍照留痕	将布置前的场景拍照记录，方便后续还原	正面拍摄，侧面拍摄，将场景的内所有画面都记录	手机稳定器	1	稳定直播手机位置，确保直播画面稳定	否	是否拍照（ ）
	道具，设备准备	直播所需要的道具和设备	将直播中所需道具准备充分，将直播所需设备准备充分	手机	2	直播手机、音乐手机	是	手机支架（ ） 直播手机（ ） 音乐手机（ ） 声卡（ ） 耳机（ ） 麦克风（ ） 充电设备（ ） 背景道具（ ）

续表

阶段	步骤	目的	实施	设备名称	设备数量	设备作用	是否需要充电	备注
直播前	搭建场景	稳定器位置、声卡位置、麦克风位置、背景位置	稳定器居中摆设、麦克风和声卡靠近摆设、杂物清理	声卡	3	传播转化话筒声音	是	支架位置是否摆正（）背景是否在直播手机反馈画面中呈现比例正常（）杂物是否清理（）补光灯的位置是否靠墙（）
	设备检查	电量检查、功能测试	手机电量、声卡电量检查，音乐手机播放音乐测试，麦克风是否能正常输出声音	耳机	1	声音反馈	否	直播手机电量（）音乐手机电量（）声卡电量（）麦克风输出（）耳机输出（）音乐手机连接蓝牙W7000（）音乐手机播放音乐（）点检完毕询问直播所需道具或资料（）
直播中	设备是否运行正常	确保直播无误进行	准备备用设备	麦克风	1	声音传播	是	

续表

阶段	步骤	目的	实施	设备名称	设备数量	设备作用	是否需要充电	备注
直播后	设备检查	检查设备是否损坏	手机、声卡、麦克风是否能继续使用,所有电源续充	插线板	1	正常运行(若设备异常,采用备用设备)	是	手机支架( ) 直播手机( ) 音乐手机( ) 声卡( ) 耳机( ) 麦克风( ) 充电设备( ) 背景道具( )
				充电器、充电线	5	正常运行(若设备异常,采用备用设备)	是	直播手机电量( ) 音乐手机电量( ) 声卡电量( )
	场景还原	还原日常模式	根据直播前的照片布置还原场景	直播道具	根据当天的内容决定	正常使用(根据道具损伤情况决定是否使用备用道具)	否	基本桌面还原( )
	拍照留痕	检查还原场景是否准确	将还原的场景记录下来	背景道具	根据当天的内容决定	正常摆放(若掉落,继续直播)	否	是否拍照( )

4. 直播手机的调试

手机是直播设备中最重要的设备,保证其正常运行至关重要。因为视频号和快手、抖音不同,它是依托于微信的,而微信的主要使用终端是在手机上。

可以通过以下5个操作确保手机的正常运行。

（1）清理微信的缓存，防止卡顿。

（2）保持电量充足。这是用新手开播非常容易忽略的一点。直播中突然黑屏，以为是主播违反了规则，其实只是手机没电了，这种状况就很容易导致前功尽弃。

（3）网络通畅。多人同时在线的直播对网络的要求比较高。流量过多，很容易导致画面延迟、卡顿甚至掉线的情况。在室内最好用100M以上的Wi-Fi，同时保证网络能够正常运行；在室外要使用5G网络，尽量不要用4G网络。

（4）直播专属手机。准备一个专门用来直播的手机，可以避免后台太多软件的同行运行导致的掉线、卡顿等情况；同时，还能避免手机在直播的时候被电话打扰。如果没有直播专属手机，在用Wi-Fi直播时可以打开勿扰模式，防止电话骚扰，因为电话会导致直播中断。

（5）手机降温。连续直播2个小时以上会出现手机发烫的现象，要提前备好降温贴，这样可以迅速给手机降温，防止因为手机过热而出现硬件问题。而且手机过热时直播还会出现卡顿甚至中断的情况。

5. 嘉宾沟通

前文提到的都是直播设备的测试，属于硬件方面的准备。除此之外，如果是连麦直播，还要提前跟嘉宾进行沟通，做好直播前的准备。和对方确认好整个直播的流程、注意事项、讲的内容，如果条件和时间允许，可以提前邀约对方进行试麦，确保对方能够主动或被动连麦、知道如何挂掉连麦等。当然，如果对方经常用视频号进行直播，也可以只进行简单的连麦测试，比如练习镜头感，以便相互适应。

6. 物料摆放

在直播间，跟观众互动的是主播，所以主播要提前熟悉产品信息、讲解内容、分享的礼品等，还要提前准备好直播时要使用的物料，并放在主播最容易拿到的位置，一目了然。

图 5-14 展示的是我们某次直播时需要准备的东西，包括赠送的礼品、视频号地图、直播的流程表、案例分析的思维框架。

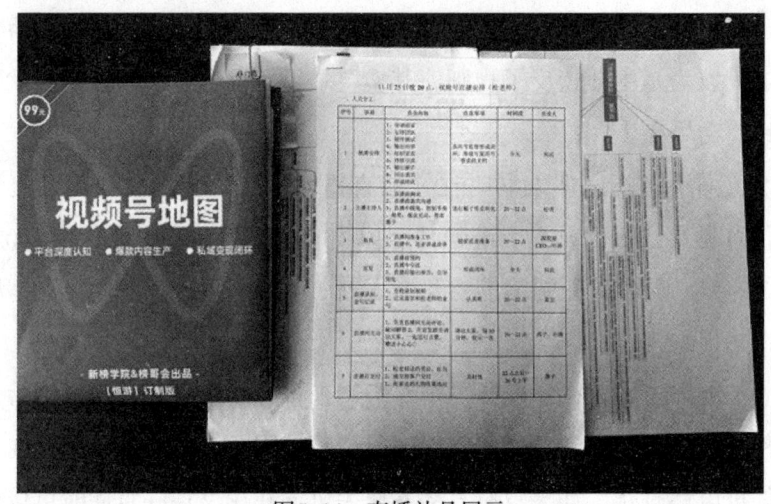

图5-14 直播礼品展示

如果是产品直播，那么试用或试吃的样品、展示的产品、产品话术文稿，都要放置在主播的手边，方便拿取。

7. 直播预约

视频号可以设置直播预约。预约非常重要，可以说预约的人数直接决定了开播时的人数。

如果某粉丝预约了直播，开播时其微信会进行强制提醒。从 2022 年开始，可以在直播中直接弹窗推送直播预约消息，让正在观看直播的观众预约下一次直播，从而实现流量的循环。

为什么要做直播预约？如果把做视频号直播当作一场发售活动，那么做直播预约就是在前期进行造势，让更多的人一起来关注你接下来将要干什么事情。一场发售活动通常由四个环节构成：造势、预售、发售、追售。其中，预约就是造势，拉直播的社群可视为预售，直播售卖产品是发售，直播后挖掘客户需求是追售。

以一场发售活动的眼光来看待一场直播，就能明白其中的道理了。

如何做好直播预约？常用方法如下。

（1）社群引导预约。

可以在社群中用红包和诱饵的方式进行引导预约。不过该方法需要和社群配合；可以建立粉丝群、产品知识分享群、干货群等，平时用内容增强粉丝黏性。

在直播前进行引导关注，群成员可以看到图片和展示的信息。用红包和干货知识进行引导关注，就能顺便进一步地告知接下来的直播内容是什么。

（2）在朋友圈，预约赠好礼宣传。

在直播海报上可以放上社群的二维码，让感兴趣的朋友进群，在群里进行引导预约。

这样做的好处是可以在直播时发社群红包，限定只有社群中的朋友可以领取，让粉丝有特权感。

以下是笔者之前直播时团队伙伴进行转发并引导大家扫码预约、领取视频号地图的截图（见图5-15），可供参考。

图5-15 直播前群内引导预约

（3）借势他人，引导预约。

通俗地讲就是在别人的直播间，引导预约直播。

既然决定做视频号，就应该多接触视频号的圈子，多去和大咖进行互动，认识更多做视频号的人，形成相互帮助、相互支持的氛围。新手要争取成为大咖的徒弟或朋友，因为大咖具有的势能可以带来很多粉丝流量。

（4）设置视频号分销员，调动他们来参与预约。

视频号可以设置分销员，每一个分销员都能单独生产一个带有参数的视频号二维码。团队的其他成员、铁杆粉丝等，就可以用自己独立的二维码统计每个人邀约的人数，主播提前做好配置和奖励机制可以让更多的人参与其中，进行预约。

除了以上四种方法之外，还有两种常用的方法。

设置了预约后，如果用户观看了我们的短视频，同样可以看到直播预约的按钮。这时候依然可以使用这个设置。如果是一场准备时间比较长的直播，就可以在短视频中引导大家点击，进行预约。

此外，公众号和视频号也是打通的，公众号的推文可以推送视频号卡片或预约二维码，为直播预约进行推荐。

所以，如果要开一场直播，直播前最核心的指标就是预约直播的人数。预约人数决定了开场人数，根据视频号的最新规则，我们还可以推测出这样一个结论，那就是：预约人数很可能关系到视频号官方后续给直播间推送的公域流量。

8. 直播设置

开播之前有一个直播设置界面（见图5-16），其主要包括：分类、可以看直播的权限、选择群红包的范围、标记所在位置、画面、音乐、商品等板块，这些是有一定设置技巧的。

观看的权限一般选择公开权限。当然，如果直播是定向的，即仅针对某些群成员的直播，可以用这个权限功能进行设置。

如果是门店直播，还可以标记所在位置，吸引周边流量。

这项设置也有一定的技巧，如果标记的位置的人流量比较集中，自然流量就会多一些，因为直播有一个就近原则。比如标记在成都的环球中心

第五章 私域运营：视频号运营与直播落地方案

肯定比标记在某个不知名的地方，相对获取的流量更多一些。

图5-16 直播设置界面

从图 5-16 中最右侧的图片中可以看到，在直播分类中有购物、日常生活、知识教学、颜值、才艺、音乐六个选项，当选择这些分类时，直播间会出现在视频号的直播广场的对应分类中。

假如选择了知识教学，那么直播视频就会出现在知识教学的直播广场里，当然这里面的流量大小是不一样的，相对流量比较大的分类是颜值、才艺、日常生活。

在实践中需要注意的是分类要符合自己的定位，不能乱选。比如，知识类型的直播可以选择日常聊天或者知识教学，而不能选择颜值、音乐这样的分类，选择好垂直分类，才更容易获得精准用户。

目前直播间发红包可以选择 20 个指定的微信群。

开直播时，第一时间就能触达这 20 个群，针对这些群发的直播间红包，只有这些群里的成员才可以到直播间领红包，这样有利于维护粉丝群，也有利于引导社群内的用户进入直播间，从而利用视频号的引流机制引导更多公域流量进入直播间。

147

按照20个群的数量，一个群的人数的上限是500人，也就是说，最多可以覆盖10000人。

和其他直播一样，视频号直播也是可以设置美颜效果的，借助设置中的美颜功能即可实现。美丽的事物可以让人赏心悦目，也能帮助我们吸引从公域来的、对我们无所知的流量，然后再凭借我们的专业知识实现"圈粉"的目的。但是在使用美颜功能时不宜太过，笔者认为开到2级比较合适。

在画质的设置中有一个选项叫镜像，这个功能比较实用，直播间一般是使用前置摄像头的，在这种情况下，从观众的角度看画面和文字都是反的，开启镜像后就不会出现这样的情况了。

最后是音乐，在直播中这个功能运用得比较多的场景是在背景音乐上，我们在直播间可以自行选择喜欢或者适合情景的音乐。中国音像著作权集体管理协会将发布互联网直播录音制品的试行付费标准，需要注意直播间使用的音乐的版权问题，尤其是对电商类直播间而言。

9. 主播准备

最后一点是关于直播中的核心人物——主播的准备工作。

大多数人对主播可能存在一种误解：点了就播，播完就走。然而事实并非如此，我们在各大平台中看到的主播的工作时间不仅限于站在镜头前的几个小时。

台上一分钟，台下十年功。专业度、话术、状态、穿着打扮等，都需要提前做功课，这些大主播、网红尚且这样。作为普通人，如果想在视频号里开一场直播，虽然没有那么高的要求，但同样需要做调整和相应的准备。在这里笔者列举三个需要主播提前准备的事项。

（1）开场前三十分钟，一定要面对镜子进行自我演练，查看自己的状态、脸色、表情，因为主播的状态在直播间一目了然，这很大程度上决定了观众在直播间的观看时长。

（2）要提前熟悉好产品的基础知识，如果有嘉宾连麦，会问哪些问题，都要做好规划。切记不能在直播间随意发挥，没有章法。

（3）整个直播的流程要非常明确，同时要针对可能出现的意外情况，如断网、手机死机等，做好备用计划，有备无患。

五个关键词，决定直播能否成功

笔者在视频号中进行了几个月的实战直播，主要是售卖服务，最终收获了60多万元的关联业务变现。虽然这些直播做的不是吃穿住行等有形的商品，但是笔者在进行结果复盘后发现，在直播中所有行业的底层逻辑是相通的，视频号直播也不例外。

笔者将其总结为5个关键词：做场观、拉时长、重引流、搞营销、导预约。

1. 做场观

这里的场观指的是有多少人来看过直播。这也是直播的第一步：一个主播究竟可以让多少人进入直播间。

视频号和抖音、快手等平台不同，视频号是私域和公域结合得最好的平台，视频号借助微信载体，实现了人际关系的直接连接，当好友关注主播或者给主播的视频点赞后，我们就能看到推送的消息，从而进入直播间。根据目前视频号的机制，私域有多大，公域就能流入多少流量；场观越大，看到的人才会越多。

抖音、快手等平台，在创作者发布视频后，能做的事情非常有限，最终的传播效果完全由平台的算法（进行推荐）来决定。视频号不同，它是"社交关系+平台算法"双推荐，我们完全可以用社交的方式，让直播在微信生态中进行传播。

这里给大家介绍以下3个提升场观的技巧。

（1）建立直播的粉丝群、兴趣群。建群的目的虽然很单一、很直接，但内容可以更丰富一些。目标要明确，比如这个群是关于什么方面的，举个例子，笔者建立的视频号学习群，目的是让大家在群里进行视频号学习。

有了社群基础，在视频号直播干货时，群成员的参与度就会比较高。在社群中直播的同时，也可以在群内发直播间红包，从而大大提高直播间场观。

（2）在朋友圈做好宣发。虽然朋友圈的日活跃度有所下降，但依然有一定的效果。做直播不能怕宣传，所以一定要相应配合朋友圈的宣发动作。另外，发朋友圈的时候要避免刷屏，要清楚地表达直播的主题，比如可以带来什么价值和福利。

（3）团队协作。如果是团队配合的直播，一定要做好直播前的团队协同任务安排（见图5-17），比如可以规定一个时间，让成员统一进入直播间，进行点赞、赠送礼物、评论，保持在线10分钟以上，拉高直播间的权重，将更多的自然流量导入直播间。

如果准备团队作战进行直播，可以参考图5-17中的左侧图中执行的策略。这样执行后，效果多半不会差。

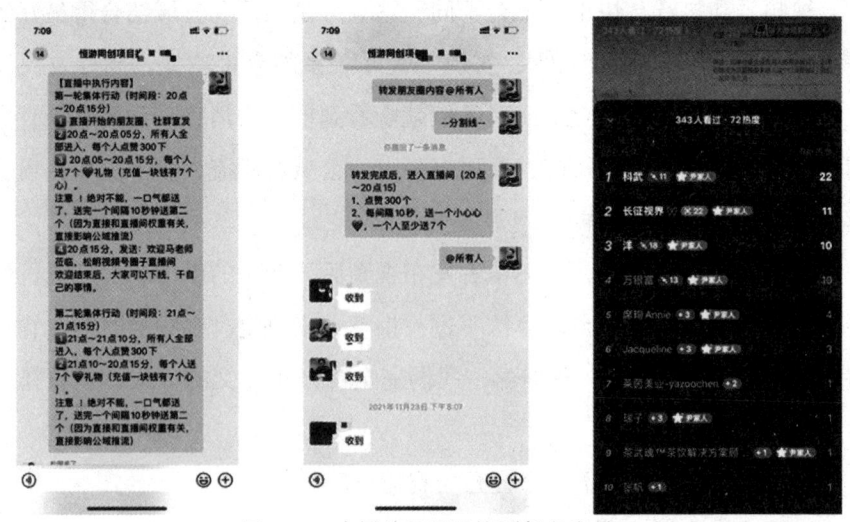

图5-17 直播前的团队协同任务安排

此处普及一个关于充值的小技巧，如果是用安卓手机充值微信豆，充值比例是1∶10；而用苹果手机，因为涉及手续费，所以是1∶7（但是也有办法实现1∶10），所以在一般情况下，最好用安卓手机充值微信豆。

2. 拉时长

直播的第二个核心动作：拉时长。

什么是时长？为什么要拉时长？

时长是指观众在直播间停留的时间，时间越长越好，因为只有时长足够，人们才能知道直播间讲的是什么内容以及对自己有没有价值。

在拉时长方面，同样有以下3个实用的技巧。

（1）主播状态。主播状态是很容易被忽略的一点。对于这点，开过直播的人都应该深有体会。

线上直播和线下做活动不同，在线下做活动，彼此之间面对面，可以观察到对方的表情、肢体动作，可以听到对方的声音。而在直播间，这些是看不到的，只能通过大家的评论来进行互动。

当主播看不到观众、听不到观众的声音，其面对着手机，很容易出现疲态，而这一切在直播间都表现得清清楚楚，观众一眼就能看出来。疲惫的主播多半留不住很多的观众。所以，主播的状态非常重要，在直播前主播就要做好调整。

（2）和嘉宾连麦，进行PK。参考其他平台的PK情景，两边主播的粉丝刷票、刷礼物，就能营造热烈的气氛，让观众看得津津有味，希望知道最终到底谁赢。这种形式是可以借鉴的。

当然，这里并不提倡都去当PK主播，也不能全靠这个变现。对于普通人，还是要依靠优质的产品或服务来赚钱。只不过借鉴这种形式可以让粉丝更有凝聚力，让直播间更加活跃。最后如果赢了，直播间的气氛也会变得很活跃。因此，我们完全可以将PK当作一种调动氛围的方法。

（3）抽福袋。这个技巧比较常见，可以一直贯穿在直播的全过程中。

最长可以设置15分钟抽一轮福袋，根据在线人数、预算，可以设置3分钟、5分钟、10分钟或15分钟一轮，每次抽奖的数量也可以设置。

作为一种抽奖形式，不用观众付出成本，观众还很有可能中奖，那么他们就会耐心地等待开奖。在等待的10多分钟里，大部分人都会待在直播间观看直播内容，自然也就有了成交的机会。

但要注意的是，如果一部分观众在抽奖之后暂时离开，等时间到了再进入直播间查看中奖结果。若出现这种现象，抽福袋就失去了意义。

所以，在直播抽奖的时候，我们可以告诉观众："大家一定要留在直播间。中奖后，主播会马上念出中奖人的名字，在的话，请在评论区回复；如果不在，就取消资格。"通过这样一段话术可锁定观众，拉长观看时长。

经过几个月的视频号直播实战，笔者总结出这样一个结论，即一个优质的可能会被平台推荐的直播间，应该满足这些核心指标：同时在线人数大于100人；在线时长大于5分钟；一直有源源不断的流量进入，保持着活跃。满足这些条件的直播间被平台推荐的概率比较大，能让平台给予公域流量的支持。

视频号2022年的公私域流量计划中明确规定了只要有大于50个私域流量进入直播间，平台就会奖励至少50个公域流量；如果是带有购物车的购物类直播，推送的流量估计会更多。

目前视频号的门槛不高，它是留给普通人、普通企业最好的机会之一。

3. 重引流

直播间的第三个核心动作：引流到自己的私域。

这是视频号直播间的一个特有优势，在抖音、快手、淘宝开直播，官方是不允许主播引流的。

现在界定私域范围，更多的还是指微信生态，各种App自然也算，但其门槛高，一般的企业或个人可能力有不足。

视频号则全然不同。它属于微信生态，可以在直播间直接放微信号、企业微信链接，让客户直达私域。引流成功后，就可以顺理成章地执行拉群、私聊、朋友圈宣发等精细化的运营动作。

以下介绍3个引流技巧。

（1）在视频号直播间，准备专门的话术进行引流。每隔一段时间，引导粉丝关注、添加企业微信或者个人微信，给粉丝一个添加的理由，比如，添加即赠送一个小礼品、赠送价值 1000 元的资料等。

（2）经过白 V 认证后的视频号可以链接到企业微信。白 V 认证也就是千粉认证，经过实测，从 2022 年开始企业微信可以直接链接到视频号的直播间中，在直播间点击后即可一键添加，非常方便。同时要注意，在简介里也要放上企业微信，这样在不开播的时候也可以引流。

（3）在直播间放置群二维码，让客户直接进入群中。通过领取福利的方式把客户引流到自己的社群，用社群的一系列运营锁定客户，争取更多的销售转化。

4. 搞营销

除了以上三点，直播中还有一个关键环节，即营销环节。

直播不营销，等于"耍流氓"。做主播，绝大部分人都不会去做娱乐主播，更多的是电商主播或知识主播。因此，一定要在直播间推出自己的产品。

除了介绍产品之外，商品卡弹窗也是一个非常不错的成交环节。设置好后，商品卡会自动弹出，粉丝基本都会点进去看看这是一个什么样的商品，是否与自己的需求匹配。如果是限时促销，在后台可通过营销功能设置优惠券，发布限时优惠，以进一步促销。

5. 导预约

预约量直接关系到下一场直播的开播流量，我们要尽可能多地引导大家进行预约，直播间就是一个不错的渠道。

无论下一场直播什么时候开始，都要设置好预约操作，引导直播间进行观众预约，让流量循环起来。

下一场直播可以在直播中进行设置，把主题、福利、内容等标注出来。

如果粉丝不知道怎么预约，在直播间主播可以直接用另外一台手机，告诉大家从哪里进去、怎么预约等。

从 2022 年开始，直播的提前预约还有一种方法，其更加简单方便，即在直播时直接推送下一场直播的链接到直播间（见图 5-18），邀请观众看下一场直播，跟企业微信的功能一样，可以一键预约，直接添加。

图5-18 直播预约推送界面

以上就是视频号直播的核心五个步骤，缺一不可。整个直播的核心内容就是构建私域流量池，如果每一步都能拉升更多流量，留下更多流量，那么形成一定规模的私域流量池就指日可待了。在实际运营中，这些思想贯穿在整个视频号的直播中，这也是视频号直播的最大特点。

六步复盘，做一个赚钱的视频号

直播的最后一个环节是复盘和交付。

直播代表台上，直播后代表幕后。出现问题后有没有复盘、下次的解决方案是什么、对客户的交付是不是及时、交付得好不好，最终决定着这份事业能否长久做下去。

无论是产品交付还是权益交付，只要交付不好，都会形成恶性循环：客户会到直播间投诉，从而影响口碑，最后大家不欢而散；交付得好，就可以挖掘出更多的客户需求。

通过长期实践和拆解其他优质主播的运营思路，我将直播后复盘分为以下六个步骤。

1. 数据的复盘

直播结束后，视频号直播间最先出现的是一个截图，截图上有很多数据，这些数据中包含的要素有直播时长、观众总数、最高在线、平均观看、喝彩次数、新增关注、总热度。

每种数据都很重要，能反映出对应的问题。以下面这两张图（见图5-19和图5-20）为例子。

从图5-19可以看到，直播了3小时19分6秒，来直播间看过的观众为730人，观众平均观看时间超过5分钟，新增关注10人，新增关注占场观人数的1.4%。

新增关注比例比较低说明需要优化引导关注的话术和引导关注的物料。同时也要考虑这730人是否都关注了视频号、是否以新人为主。

图5-19　某主题的第一场直播数据

再看图5-20，来直播间看过的观众有1281人，平均观看时间接近6分钟，新增关注46人，新增关注占场观人数的3.6%，比第一次有进步，虽然这次的数据也不是很好，但是能看到明显进步，这就是分析数据的意义。

图5-20 某主题的第二场直播数据

这里需要提醒大家：对直播后出现的数据，一定要进行数据截图并保存在一个专门的文件中，周期性地复盘。当然，通过现在的后台也可以查看每次直播的数据信息，但笔者依然建议要留存这样的截图，因为它看起来更直观，更有播感。

2. 工具的辅助

如果是公司直播，或者是比较大型的个人或团队直播，则可以借助视频号的第三方工具来进行分析（见图5-21）。

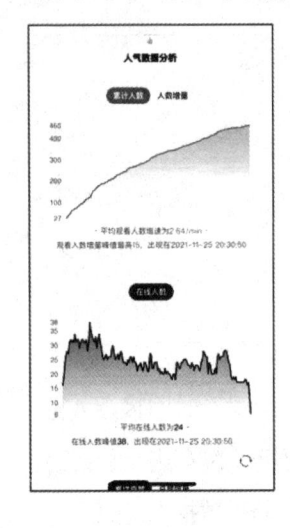

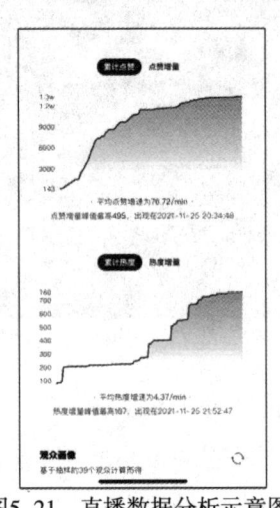

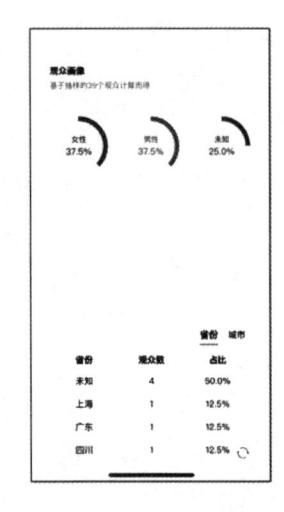

图5-21 直播数据分析示意图

笔者最常使用的是新榜旗下的视频号工具——新视。新榜成立于2014年，其与全网很多品牌都有数据方面的合作。比如大众熟知的微信公众号、微博、抖音、小红书、快手、哔哩哔哩等平台。如果要监控数据和查找主播，比如查看直播、短视频等的数据，都可以通过新榜这个平台。

通过新榜可以看到直播中更详细的数据，甚至能够精确到分钟，从这些数据中分析背后的原因，可以帮助我们找到流量的规律。

视频号是一个具备公域属性的私域平台，对这样的平台而言，获取流量的规律非常重要。举个例子，在现在的直播间做1个小时的有效直播后，官方就会开始推荐流量到我们的直播间，由此得出，直播的时长最起码要2个小时起。

3. 及时总结问题

"学而不思则罔"，及时总结就能快速调整个人或者团队做直播的心态，从而做到"胜不骄，败不馁"；同时还能及时发现问题，改进问题，千万不要第二天再来做复盘。第二天复盘，重要的事情会忘记70%。

对于总结，可以细分为：

（1）直播前的准备事项、直播中的执行事项，也就是我们在前面提到的具体事务有没有做到位。如果没做好，那么是主观原因，还是客观原因；

（2）做得好并且可以复用的是什么？写下来，可以进行表扬；

（3）做得不好的以及需要摈弃改进的是什么？写下来，避免再犯。

对每次的复盘都要做好记录，形成经验文档，上传下达，责任到人。如果是由1~2个人来做，也需要鞭策自己，避免出现重复错误。在下一次的直播中如果没有明显改进或仍然犯低级错误，就要实行一定的惩罚措施了。

另外，如果你做的是知识付费产品，错误的经验就能转化为营销的素材；若将其放到客户群中，既可以让客户有所收获，又能售卖产品，一举多得。

4. 兑现承诺

交付分为短期交付和长期交付。

短期交付是指在直播间中的礼品承诺，如果观众中奖并符合中奖条件，就要及时兑奖。之前笔者一时大意忘记了，给一个客户的兑奖延迟了两天，结果被他发朋友圈说不诚信。虽然这样的事情比较少见，但也不能忽视，做直播要说到做到，以诚信为本。

长期交付是什么呢？一般指我们的产品。假设你售卖的是一件商品，第一步是及时发货；第二步是等客户收到后询问反馈；第三步是做好反馈登记并进行客户标签分类，方便下次推荐。如果是知识付费产品，可能是线上课程、线下课程或者训练营，这类产品需要在比较长的时间里交付，要持续跟进。

5. 合作共赢

无论是公司还是个人，当视频号直播的关注人数越来越多，其知名度就会越来越高，主播难免会出现心高气傲的状况，这种事情一定要杜绝。只有始终以一颗谦虚的心去做事情，个人能力和综合实力才能得到更好的提升。

在不断进步的过程中，你一定能感受到互相帮助的重要性。没有人不需要别人的支持，以笔者自身为例。当我在视频号领域里拥有一定的势能后，发现自己能为很多人提供多方面的帮助，比如专业、人脉、业务等。这时候应该向他人伸出援手，看到别人有需要，且是你力所能及的事情，就多帮助别人，因为帮助别人就是在帮助自己。

单枪匹马，可以跑得很快；合作共赢，才能走得更远。

6. 挖掘意向

真正赚钱的视频号，一定是基于私域的复购。视频号直播是做集中成交或做势能的地方，假设我们的视频号是做带货的，真正赚钱的时候一定不是在做活动时，而是靠提升日常的订单量。因此在视频号直播运营中不仅要做活动，还要更好地提升日常的订单量，才能真正为达人、为商家带来利润。

要想做好复购，特别重要的一个环节就是挖掘客户的意向。在完成一个产品的交付后，要和粉丝进行深聊。这里的深聊不是指瞎聊，而是在正确的时间回访客户，让客户愿意和你聊天。那么，哪些节点是比较好的呢？例如你是在直播间售卖鲜花的，在发货的时候要告诉客户已经发货，大概什么时候送到，有问题可以反馈；再问一下客户的花是用来做什么的，是摆放在家里的，还是买来送人的，是送闺密的，还是送长辈的……

另一个好的时间点是收货的时候。这时候要主动问客户觉得产品怎么样，不要等客户投诉；也可以让客户提出更好的意见，顺便问一下他的需求有哪些。

记住一个公式：成交＝信任＋需求。

我们基本上是很难改变客户的需求的，却可以通过改变客户对我们的看法，挖掘出更多的客户需求。这时候你就会发现，复购越多，产品的客单价越高。

最后，让产品和服务更加匹配。在这个过程中，要留下客户的联系方式，可以是电话，也可以是微信。这样就可以做精细化的运营和沟通，为下一次销售做好铺垫。营销不是销售，而是真的为对方解决问题，同时收取合理的费用。

第六章

私域变现：收款百万的私域变现转化活动设计

社群推品卖爆的底层逻辑

运营私域流量，最核心的目的是卖货成交，在平时的运营中我们要如何高效地在社群中实现批量成交，让用户主动付费呢？目前，绝大多数做私域的品牌在私域成交发售中都存在短板，其建了私域社群之后这些群大多变成了广告群，没有产生成交转化。

本章将为你分享如何在私域流量池内进行批量成交，力求有案例、有方法、可落地。

私域流量发售成交系统

每个企业都应该有一套自己的发售成交系统，它能够让企业通过一场活动轻松收款几万元、十几万元甚至上百万元，能改变许多创业者的命运。在企业的私域流量体系中，消费者从被动成交到主动购买，经营用户的终身价值成为企业长期发展的必然趋势。其中的销售部分又可分为预售、发售和追售，具体来说，私域流量发售成交系统包含了五个部分（见图6-1）。

图6-1 私域流量发售成交系统

第六章 私域变现：收款百万的私域变现转化活动设计

私域流量发售成交系统是一套锁定用户终身价值的商业模式，这套模式包含三个部分：产品、流量和销售。

1. 产品是指卖什么

产品是企业满足用户需求的工具。

如何把需求变成产品？这里的产品设计共分为三个维度（见图6-2）：商品、商机和股权。

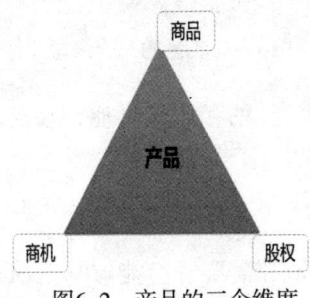

图6-2 产品的三个维度

（1）一维老板卖商品。把商品卖给消费者，赚零售市场的钱（To C）。

（2）二维老板卖商机。把商机卖给经营者，赚创业市场的钱（To B）。

（3）三维老板卖股权。把股权卖给投资者，赚资本市场的钱（To I）。

产品始终是企业的生命线，是根本。好的产品体系是商家在做私域流量之前为预防经营风险而构建的一道防火墙。

2. 流量是指卖给谁

所有生意的本质是流量。没有流量，再好的产品也传播不出去。

流量来源于三部分（见图6-3）：种子流量、裂变流量和循环流量。

（1）种子流量。是指平台的资源、渠道合作的资源，还可以是付费购买的资源。

（2）裂变流量。设计一套好的社群裂变模式，可以带来源源不断的裂变流量。

（3）循环流量。通过商业模式闭环，每家企业都能搭建属于自己的自循环体系。

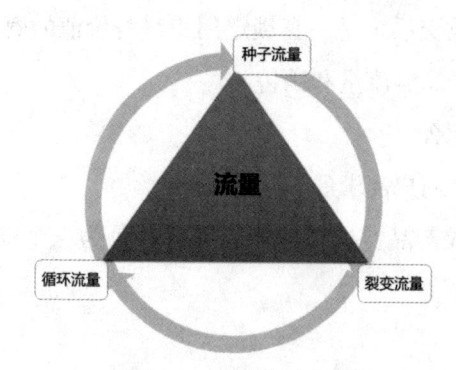

图6-3　流量的三个来源

每个企业都需要搭建自己的私域流量池，在这个流量体系里让用户不断地自循环裂变。

3. 销售是指怎么卖

企业的每一个战略落地都需要一套能够马上执行的营销方案，让业绩翻倍。

销售三部曲（见图6-4）：预售、发售和追售。

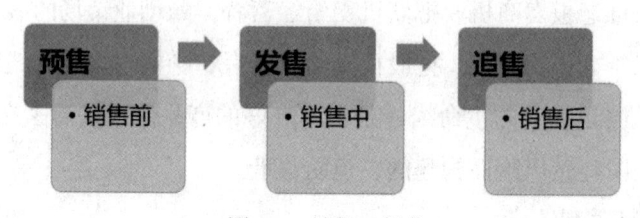

图6-4　销售三部曲

（1）预售。设计方案，如"卖1元"微信群发布会，筛选精准客户进群。

（2）发售。通过社群、直播、门店、会议等方式，进行批量成交。

（3）追售。对已经购买了首单的客户做复购套餐和大额套餐的升级销售。

如何在社群有节奏地推品，并一步步卖爆

在社群里进行推品的时候，很多运营人员都采用的是直接发链接的方

式，其成交转化率可想而知。

采用什么样的方式在社群里推品，才能更好地出单呢？笔者根据多年来为企业服务的经验，总结出了一套社群推品逻辑。

在社群里推品，共分为四个步骤：场景痛点、卖点阐述、性价对比和行动指令。

1. 推品逻辑案例：女性收腹裤

该款女性收腹裤推品内容设计（见图6-5）分析如下。

社群推品思维逻辑：

场景痛点 · 大肚腩、水桶腰……女性人人爱美

卖点阐述 · 火山能量石，暖宫驱寒，性感提臀，小蛮腰

性价对比 · 美容院专供3800元一套

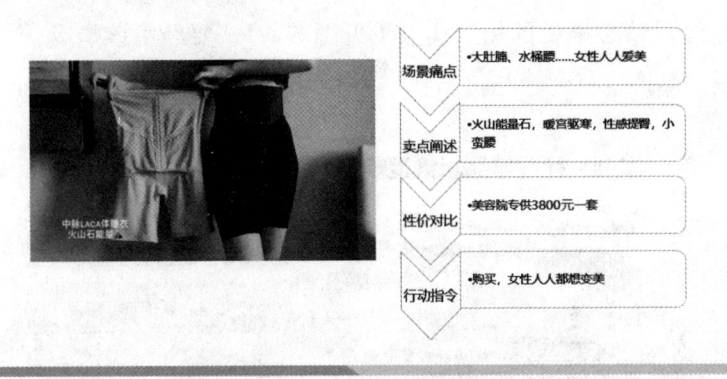

行动指令 · 购买，女性人人都想变美

图6-5　女性收腹裤推品内容设计

（1）场景痛点。对女性来说，人人都爱美。一些女性有大肚腩、水桶腰，这就是痛点。若身材不好，无论穿什么衣服都没有气质。所以，我们首先要在社群里抛出一个话题：很多女性有大肚腩、水桶腰，穿衣服不好看，怎么办，要不要减掉大肚腩？

（2）卖点阐述。抛出话题后，顺势引出我们要卖的这款产品——中脉收腹裤。然后介绍为什么极力推荐这款收腹裤，这个产品的好处是什么……这款产品的卖点就是：内含火山能量石，可以暖宫驱寒，调节身体代谢功能及加速血液循环，排出体内毒素，提高免疫力，从根本上改善亚健康状态，既能塑身又能燃烧脂肪，从而达到瘦身效果。

（3）性价对比。介绍完产品的卖点后，接着是报产品的价格，需要注

意的是：不要直接报产品价格，要做一个价格对比。"美容院卖3800元一套，今天团购可以享受69元一套的价格"，这就是一个价格的对比。最后发购买链接，目的就是让群里的一些客户购买。

2. 推品逻辑案例：希尔顿羽丝绒被

（1）场景痛点。

在社群里开始推品时，要先发红包进行问候，活跃社群氛围。如果经常在群内发产品，时间久了，就会成为死群。群氛围不活跃并不利于出单转化。

如果推品的时间是上午，就可以写"早上好"，同时发一个小红包，然后抛出一个话题，让大家在群里进行互动，活跃社群的氛围。这个话题必须是经过精心准备的场景痛点（见图6-6），要经由该痛点，自然而然地推出产品。

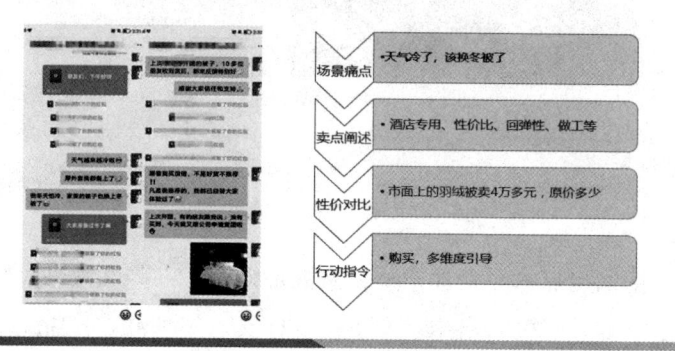

图6-6 羽绒被场景痛点

以羽绒被为例。

抛出一个话题：天气越来越冷了，人们都把厚厚的衣服穿上了，所以家里也要换上厚厚的冬被了。

通过这个话题的引入活跃社群氛围，让大家开始讨论，并将话题引导到冬被上，方便后面引出我们的推品。

（2）卖点阐述。

一般情况下产品卖点的阐述是总部提前准备好的，有时候供应链部门会提供产品笔记，这里面也有对产品卖点的阐述，运营人员可以直接复制粘贴……总而言之，一定要提前设计好产品卖点。

通常卖点阐述采用的形式为：一段文案＋图片／视频，只有这样，只有这样，用户才能获得更好的感知和体验，尤其是一些功能性产品，更不能缺少视频。比如这款被子，希尔顿的羽绒被是五星酒店专用的，而且还是高端外贸出口的被子，这就是卖点的阐述。后面接着是做工好、手感亲肤柔软，全都属于卖点（见图6-7）。

案例：社群推品思维逻辑（2）

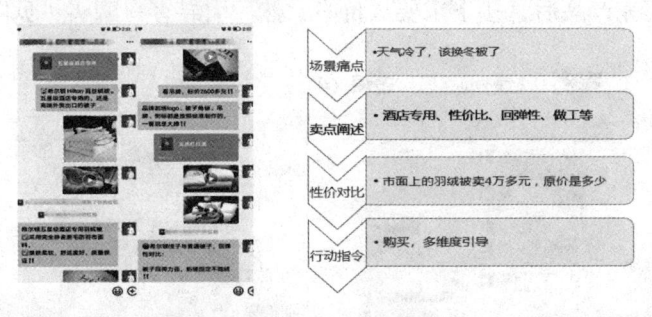

图6-7　羽绒被的卖点阐述设计

（3）性价对比。

在阐述完卖点后，紧接着就要做性价对比（见图6-8）。

案例：社群推品思维逻辑（3）

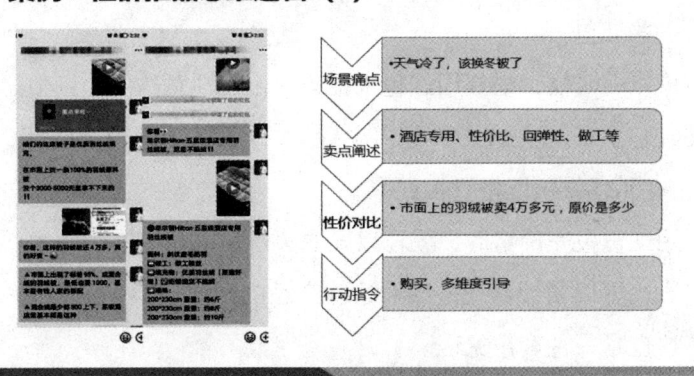

图6-8　羽绒被的性价比阐述

首先，突出这款羽绒被是由优质的羽绒填充的，性价比较高，其在市面上的价位为 3000~5000 元，在旗舰店可卖 4 万多元。

接着，通过与市面上其他同类产品的对比，阐明只要是标着 95% 的羽绒填充的被子，价格最少也在 1000 元左右。

然后，通过对比，凸显本款产品的高性价比。

接下来在群里发一些小视频，让大家真实地感知到这款被子就是羽绒被。

（4）行动指令。

介绍完产品后，接下来要报价格，然后引导客户购买（见图6-9）。

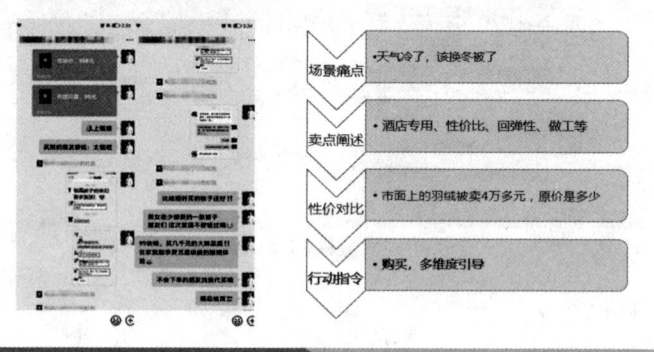

图6-9　社群行动指令设计

需要注意的是，在推品的过程中不要只在群里发一些文案和视频，还要配合一些红包。

报价格的时候，最好用红包来报，一定要注意这些小细节。

在红包上面写上市场价是多少钱，"这款被子价值 999 元，今天开团只需要 99 元，就可以把它带回家"。

当用红包报完价格后，就可以发购买链接了。

之后，可以紧接着发一些对这款产品的好评反馈，刺激更多的客户来购买，这也是一种客户见证。

以上四步就是在社群里推品的详细步骤。

第六章　私域变现：收款百万的私域变现转化活动设计

一款母婴产品，150多人成交800多单

项目背景和方案设计

2020年是私域流量爆发元年，如何搭建私域流量池俨然成为每个企业都在研究的话题。而私域用户的运营与深耕也成了未来几年品牌运营的主战场。

2021年5月，我国发布开放三孩政策，母婴行业再次成为热点话题，预估到2023年母婴行业的电商用户将超过2.43亿人。值得注意的是，虽然这个行业一线、二线城市用户的消费能力强，但是他们对价格比较敏感。

对这个行业的新品牌来说，如何搭建私域用户池并做好精细化运营是关键。

接下来跟大家分享一款母婴产品新品上市发售的实操案例。

项目背景：亿家团是一个以医药护肤为中心的社群团购平台，即将上市一款新产品——可米兔母婴护肤品。

活动目的：通过新品发售找到一批种子用户，然后将他们转化为代理。

活动效果：最终参与活动的人数为150多人，成交800多单，总金额为3.8万元。

整个活动过程分为以下三个部分。

第一部分是活动筹备，第二部分是项目启动会，第三部分是新品发售。

1. 活动筹备

这个项目的产品是可米兔母婴护肤品，在活动开始前要策划活动方

案，准备与活动相关的物料。

（1）活动方案。活动方案分为两部分，一部分是针对零售端客户的奖励政策，另一部分是针对代理端的激励政策。

零售端的所有客户，凡购买任意一款可米兔产品，即可享受换购活动奖励。

①活动内容一：针对零售端客户的政策。

购买任意可米兔产品 +6.9 元，即可换购。

购买即可成为可米兔品牌会员并享受相应的会员权益。

会员权益 1：后续购买产品，可享受 8 折优惠。

会员权益 2：终身享受儿童私人护肤咨询服务。

活动说明：购买任意可米兔产品 +6.9 元，可换购价值 168 元的复活草抗衰凝胶 1 支。

②活动内容二：针对团队代理的政策。

针对联创/合伙人/天使：自提货同时可参加满 6.9 元换购活动。

升级合伙人：赠送价值 9800 元的轻 IP 打造课程。

针对天使：升级优惠政策。

当天使培养 5 个新天使后，可直接升级为合伙人（可按最低补货量进货）。

活动说明：活动期间，天使直接招募 5 名天使后可以升级为合伙人。

（2）人设打造。在筹备阶段还需要做一件事情，就是对代理的人设进行打造。这个项目已经做过内测，在内部招募了一小部分代理。在新品发售的过程中，这些代理会去做产品推广，分享给身边的亲人、朋友或者老客户。这就需要对代理们的人设进行定位，塑造育儿专家的形象。

①定位。由于产品是母婴护肤品，代理的人设可以定位为"儿童护肤专家"，并且以真人出镜的形式增加真实感和说服力。

②朋友圈的内容运营。有些代理可能很长时间没发朋友圈了，平时跟通信录中的粉丝、客户也几乎没有互动，所以在开始做活动前要先激活

客户。

在这种情况下代理们发的第一条朋友圈一般都是从亲身体验的故事开始，然后采用好物推荐的方式讲述自己是如何做亿家团这个平台的代理的。

讲一个自己亲身体验的故事（思路模板）。

现状，痛点。

遇到了谁？发生了什么事情？

体验产品的感受。

号召行动，加入我的社群。

将这个模板用到亿家团的代理们的朋友圈，内容就是：本人以前是做什么的；现状或正在经历的痛苦是什么；通过一个怎样的机会遇见了上级负责人，了解到亿家团这个平台；使用了产品后的体验和感受怎么样；最后，为什么选择做这份事业。

代理通过讲自己真实体验的故事，就能将使用产品前后的变化表述出来，用真情感动客户。代理发朋友圈后，为了增强和粉丝之间的互动，可以在朋友圈里做一个点赞送礼物的活动。

2. 项目启动会

召开启动会的主要目的是让代理知道整场活动的大概流程，同时对代理进行激励或奖励。

3. 新品发售

新品发售包含的内容比较多，笔者将在下一个小节中详细介绍。

发售流程拆解

新品发售流程要用前文提到的方法——销售环节来拆解，销售三部曲为预售、发售、追售。

1. 预售

预售目的：设计方案，"卖1元"微信群发布会，筛选精准客户进群。

在预售这个环节不是直接卖产品,而是采用朋友圈剧本做好朋友圈的铺垫预热,然后邀约意向粉丝进群。可米兔这个项目,朋友圈的预热铺垫用了三天时间。而在这三天中朋友圈预热的内容主要是围绕活动调查、有奖竞猜、中奖结果公布和价值塑造这四个方面进行的。

(1)活动调查。

文案:

马上就到"六一"儿童节了,只要童心未泯,谁还不是个宝宝?想不想知道我给你们准备了什么礼物?

这是第1条朋友圈的内容(见图6-10),其主要目的是做调查。

图6-10 可米兔朋友圈预热文案

(2)有奖竞猜。

文案:

都在迫不及待地问我送什么礼物,现剧透一下。由北京儿童医院皮肤科创始人领衔、三甲医院专家团队和清华大学博士团队联合研发的产品,你们猜猜是什么?第6个猜对的朋友有礼物赠送哦。

这一条文案是有奖竞猜(见图6-11),这是为了让大家去猜礼物,从

第六章 私域变现：收款百万的私域变现转化活动设计

而积极参与到活动中来。

图6-11 朋友圈有奖互动文案

（3）中奖结果公布。

第二天发的朋友圈内容就是直接公布结果（见图6-12），目的是证实活动真实有效并进一步预热，让更多没看到的人看到活动。

图6-12 中奖结果公布

173

（4）价值塑造。

在公布中奖结果之后，直接引导出公司即将上市的一款新产品。然后对新品上市做一个预告，同时对产品进行价值的塑造（见图6-13）。

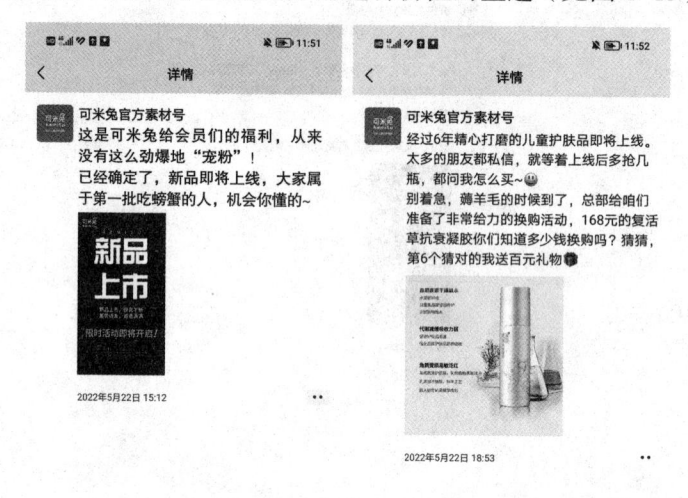

图6-13　产品价值塑造朋友圈

在朋友圈剧本预热两天之后，在第三天建群。

进群的时候，我们设置了一个门槛，即支付1元可进群抢福利。这就是前面讲的方法：发售环节，"卖1元"微信群发布会，筛选精准客户。

朋友圈文案如下。

什么？总部还给大家准备了免费抽奖活动！立即扫下方的二维码支付1元，即可锁定进群抽奖名额，了解更多活动规则。悄悄告诉你，连续六天都有抽奖机会哦！

这则朋友圈文案相应的配图是新品上市海报和收款二维码。通过这样的操作，可以统计出所有支付了1元的意向客户，然后在第三天的下午将

第六章　私域变现：收款百万的私域变现转化活动设计

这批用户邀请进新品上市的活动群。

2. 发售

发售：通过社群、直播、门店、会议等方式进行批量成交。

建群的当天晚上开始抽奖。第二天上午 10 点，开始抢购新品。

这里可以根据平台的用户习惯调整时间，有的平台用户可能习惯晚上 8 点开团，有的平台用户习惯上午 10 点开团。

在发售这个环节，操作流程如下。

（1）当晚 8 点在微信群进行抽奖（见图 6-14），奖品可以是现金红包，也可以是即将上市的新品，以便对新品进行好物推荐。当然也可以是其他相关联的产品。

图6-14　开团前的社群抽奖预热

（2）第二天上午 9 点在群里做产品发布会预告，之后开始产品上架和抢购。

第一步（见图 6-15）：在群里发红包问候，然后介绍参加本次活动的意义。

175

图6-15 群内发售第一步的文案

文案如下。

欢迎大家参加本次可米兔新品上市活动。

首先感谢您的到来，因为您的参与，才有如此钜惠福利。

本次活动对各位朋友来说，有着非常重大的意义。

①这是本年度促销力度最大的新品发布会，而且还有百元礼品赠送，你将省下一大笔本要花掉的钱。

②群内将会有连续6天的抽奖，而且还有超级换购福利，关键是你能花最少的钱，买到最安全放心的儿童护肤品。

③这并不是人人都能享受到的福利，所以这对您来说非常珍贵。

第二步（见图6-16）：介绍本次活动，以及即将上市的新品。

文案如下。

在新品上架之前，我先给大家介绍一下即将上市的新品。

这是一款由医学专家带队研发生产，不含矿物油、水杨酸、荧光剂、酒精、化学荷尔蒙、激素与色素，以"天然、安全"为理念的专业婴童护肤品。

第六章 私域变现：收款百万的私域变现转化活动设计

更重要的是，在您看完介绍之后，一定会觉得咱家的新品物超所值。每一段文案都要配合对应的产品视频来发布。

图6-16 群内发售第二步的文案

第三步：介绍完每一款新品之后，大约还剩 30 分钟的时间，这个时候做新品上架倒计时，制造社群氛围。10 点上架后，正式开始抢购。

第四步：新品开团之后，在社群里一定要进行晒单，不断地刺激客户抢购。

3. 追售

追售：对已经购买了首单的客户，做复购套餐和大额套餐的升级销售。

已经下单的客户，在接下来的几天里会陆陆续续收到产品，在群里晒各种的产品实拍照片，就能很好地刺激潜在客户。因为是新品上市，考虑到很多客户可能还不太了解产品，此时可以安排产品经理做一堂公开课，以便对产品进行专业的讲解。

专业的产品知识公开课结束后，就可以对已经购买的会员做追售了，可以让那些成交天使代理或者已经是代理的群成员升级为更高级别的代理。

177

以上就是整场活动的过程拆解，这样一个150多人的社群，最终成交了800多单。通过这场活动中的产品卖的是商品和商机，因为每个企业不一样，企业所需的方案也不同，大家可以汲取精华，活学活用。

老牛私房菜3天轻松储值109万元

项目背景和方案设计

据企查查数据显示：2020年，餐饮行业注销的门店超过32万家；2021年餐饮行业吊销或注销了93.5万家门店，2022年上半年，共注销或吊销了37.3万家餐饮相关企业。

很多不确定因素导致餐饮行业的商家面临更多的挑战，商家的行为和业态、互动的方式都产生了很大的变化，商家越来越接触不到顾客，获客成本越来越高……

在客户很少、营业额持续下降的情况下，餐饮店的老板要如何盘活店里的生意呢？其实最立竿见影的方法就是策划一场活动，把客户在你店里半年甚至一年消费的钱，在一天内收回来，锁定客户的长期消费，如图6-17所示。

图6-17　老牛私房菜门店图

第六章 私域变现：收款百万的私域变现转化活动设计

项目背景：在这家餐厅办充值卡的是那一小部分老客户，生意下滑，店的人气越来越不好。因此老板想激活客户并做留存。

活动目的：通过发售充值卡，做一次老客户拉新客户并进行成交转化以锁客的活动。

活动效果：通过老客户拉新裂变新客户1083人，三天充卡储值共计109万元。

接下来，笔者就带大家看看整个活动的操作过程。这个活动的过程也分为三个部分：第一部分是赠品设计；第二部分是活动筹备；第三部分是充值产品的发售。

1. 赠品设计

一个好的赠品能够更直观地对客户产生利益刺激，是引流客户和成交客户的筹码。对大多数商家来说，最常使用的方式是消费满××元送一个赠品。比如，在店里消费满200元送一瓶饮料。需要商家注意的是，如果赠品的价值再高一些，可能就要考虑到成本的问题了。

赠品，其实还有一种玩法——整合资源，也就是说让别人免费给你提供，促成你的生意成交，而你没有花费任何的成本。比如，餐饮店周边有健身房、商场、理发店、儿童游乐场、蛋糕店、洗车店……这些都是我们可以整合的商家资源。

对任何一个商家来说，要想盘活生意，最直接的途径就是增加客户和提升业绩。所以，这家老牛私房菜餐饮店的老板王总就去跟周边的商家谈合作，他想尝试一下如何运用买客户的思路，让店里从此不再缺客源。

例如，每卖出一套产品可以赚1000元，就包装一个50元成本的引流品来吸引客户进店。若进来20个人，只要成交1个，就不会赔钱；成交2个，就赚钱了。

周边的商家在听了王总的想法之后，觉得这个思路特别简单，又划算，接着问："具体怎么操作呢？我不懂怎么设计成交啊……"

王总接着说："你拿一小部分礼品在我店里做测试，我店里在筹备举

179

办周年庆活动。"

于是，周边的商家自然愿意提供礼品，因为他店里正缺客户，而王总的餐饮店要开展周年庆，届时肯定会有很多客人，如果能把客流引到他店里逛逛，他当然乐意。

2. 活动筹备

活动主题：餐厅周年庆活动，进群免费吃喝。

活动时间安排如下。

第一阶段：6月15日~17日，朋友圈预热。

第二阶段：6月18日~20日，社群粉丝裂变。

第三阶段：6月20日~23日，活动开始，在社群预告活动玩法，到店消费。

物料准备：店内海报支架、周年庆活动主题海报宣传单。

微信号矩阵：创始人个人IP打造、店员导购人设打造。

一些餐饮店的老板没有人设的概念，在活动开始之前，可以让老板对微信四件套进行包装打造，发一个星期的朋友圈。朋友圈的内容包括店里的生意、老板的日常生活、客户的评价，以及老板个人的创业故事。

店员的朋友圈则可以发自己的生活、对客户的服务、客户的评价、店里生意的火爆场景。

3. 充值产品的发售

在这个案例中充值产品指的是充值卡。充值卡的发售包含的内容比较多，笔者将在下一个小节中详细介绍。

发售流程拆解

接下来，我们仍然以销售三部曲来拆解老牛私房菜这家餐饮店的充值卡发售的整个活动流程。

1. 预售

预售的环节是分2个步骤来进行的：一是用朋友圈剧本做预热，二是做微信群粉丝裂变。

因为前期及同期在店里已经做了宣传，这里的朋友圈剧本主要应用的是活动调查、有奖竞猜和公布结果的方式。

（1）活动调查。

第一天（6月15日）的文案如下。

店里马上要办周年庆，大家都来问我有什么福利？要不你们留言告诉我想要什么福利？留言最多的我来安排，回馈新老朋友们！

①免费就餐。

②抽奖活动。

③赠券活动。

（2）有奖竞猜。

文案如下。

上一条朋友圈有很多朋友回复了！没想到大家最想参与的活动居然是它！你们猜一下是什么？超过50人点赞，我就公布答案。

（3）公布结果。

第二天（6月16日）的朋友圈预热文案如下。

好消息！这次呼声最高的竟然是免费就餐！也太会选了吧！周年庆，你们是不是都想来薅羊毛！

关注我的朋友圈，明天上午10点公布进群的通道，我会在第一时间通知大家参与店庆活动！

第二条文案如下。

咱们店里周年庆活动的优惠力度一定是有史以来最劲爆的，感谢大家的关注和支持！关注我的朋友圈，明天第一时间给大家带来好消息。

第三天（6月17日）开始建群，发朋友圈同步进群的截图，营造进入社群的氛围。

在建群的当天晚上预告社群裂变活动，邀请店里的老客户进群。店里所有的老客户进群，都可以参加周年庆活动，还可以免费吃一小碟招牌菜——老牛肥肠。粉丝裂变：邀请5个朋友进群即可免费喝啤酒一瓶。邀请15个朋友进群即可免费吃烤串一盘（见图6-18）。

图6-18 活动海报设计

建群之后，要开展社群运营，发布相应的文案，继续营造火热的氛围（见图6-19）。这一步，要提前做宣传，让老客户进群；然后在店里宣导。白天在群里做粉丝裂变，晚上8点开始抽奖，奖品是一只烤鸭。结果三天时间过去，裂变了4个群，新客户达1083人。

图6-19 社群运营内容

2. 发售

在做社群裂变的这三天中，朋友圈需要同步群里的活动，其主要内容依然是发布店里的生意火爆的场景。

在朋友圈里做倒计时，文案如下。

今晚8点周年庆重磅活动，仅剩2小时开始！活动还没开始，入群参与的老朋友已经迫不及待了。

20号白天在群里做福利秒杀预告，晚上8点开始秒杀99元会员卡。

第一步：在微信群里发红包。

第二步：在群里公布抽奖规则，开始抽奖。

第三步：宣布活动。

周年庆，感恩回馈老客户，本店推出99元会员卡。凡是在周年庆活动期间办卡的新老朋友，都可以获赠价值159元的套餐剁椒鱼，还可以抵100元现金使用，另送6瓶啤酒。

注意：这里的抵100元现金，可以给客户2张50元面值的代金券，而6瓶啤酒只能每个月到店免费喝一次，一次限喝一瓶，这样就可以增加客户到店消费的频次了。

大多数人在餐厅吃饭都是全家一起来，对三口之家或四口之家来说，赠送的剁椒鱼套餐根本不够吃，因此必然会点其他菜，而这样就能促进店内营业额的提升。

3. 追售

追售，就是针对已经是会员的客户，升级大额套餐，要给店里设计不同级别的会员卡：399元黄金会员卡、1000元白金会员卡、3000元钻石会员卡。

当客户充值99元办理了会员卡，就有了信任基础。大多数客户消费都会超过卡里的充值，如果客户消费了59元，在付款的时候你可以向客户提出充值399元的充值主张。可以让店员在收银的时候跟客户说："您今天只要充值399元，就是我们店里的黄金会员了，今天的消费金额可以抵现金，也就是说您现在卡里的账户余额为458元，还有礼品赠送。"这样在这批充值99元的客户里，可能会有20%的人升级为充值399元的卡。

对店里已经办理过的399元会员的客户，在付款时你可以跟他们说："今天您充值1000元送1000元，充值3000元送3000元，同时还有价值5000元的礼品可以领取。"这里送的1000元是10张100元代金券，5000元的礼品就是整合商家的引流的礼品和采购的礼品。

▶ 客户充值1000元得到的权益：

（1）送1000元（10张100元代金券）；

（2）价值300元的洗车卡；

（3）红酒一箱6瓶，价值4688元。

▶ 客户充值3000元得到的权益：

（1）送3000元（30张100元代金券）；

（2）价值300元的洗车卡；

（3）红酒一箱6瓶，价值4688元。

这时，大部分人会升值充1000元，一部分客户会充值3000元，这就是追售的环节。

在这场活动结束时，最终新增客户中有300多人充值了99元会员卡，老客户升级充值3000元钻石会员的有200多人，总收款109万元。

以上就是一家餐厅的充值活动。不过，每家店的实际情况不一样，需要量身定制策划活动方案。

产品是一切的基础。通过私域社群发售的产品只有从用户需求出发，才能使发售产品的企业和个人获得用户的支持和信赖，值得注意的是，"自嗨型"的产品永远无法得到用户的信赖，更无法成为畅销品和爆品。

当一款产品能够满足用户需求的时候，其自然就能吸引这类用户的注意，再使用诱饵，用户就会被留下，才会有转化的可能。留下的用户是有需求的，进行销售转化的时候，如果能够提出解决问题的方案和零风险承诺，转化和成交也就成了水到渠成的事情。

在销售环节，我们可以使用的方法有很多，比如朋友圈简易发售、社群快闪式发售、直播发售……最常见的是朋友圈、社群的组合模式。随着微信生态的成熟，我们也可以根据实际情况，选择朋友圈、社群、直播等多重组合模式，进行发售。

以上就是私域流量裂变收钱的模式。该模式适用于所有中小企业商家和个人商家，它能够帮助商家实现快速回款。有了现金流，企业才能有更好的发展。希望这个模式能够帮助大家实现业绩的大幅增长！

第七章

案例：高客单价产品服务型私域模型

什么是服务型私域

私域流量的运营模式很大一部分由产品的客单价、复购率等决定，高客单价、低复购率的产品，更多的是通过为用户提供更好的服务体验，获得更多的用户转介绍以及复购。

营销时代的更迭

1. 营销 1.0 时代：广告营销

营销 1.0 时代是卖方市场，只要生产出商品就不愁卖。那时的营销以广告营销为主，商家只需要通过广告告诉消费者"去哪里能买到什么样的商品"就可以了。

2. 营销 2.0 时代：内容营销

而随着"传播方式的改变，互联网的兴起"，商家和个人通过自媒体打造出各种各样的内容话题，各品牌投放大规模广告，借助社交媒体和网红的力量，产品获得推广。这是以内容营销为主的营销 2.0 时代。

这两年非常火的精品咖啡品牌——三顿半，其先在"下厨房"社交软件上通过产品测试、分享获得了第一批用户。然后它又策划了领航员计划，为品牌赢得了众多 KOL 的支持和口碑扩散，实现了品牌的破圈。现在，三顿半已经在新消费领域快速占领了"咖啡第一品牌"的位置。

3. 营销 3.0 时代：服务型营销

如今，服务已经成为世界发达国家经济的主导。实际上，先进的企业都已把服务视为当前与未来维护顾客的关键所在，甚至过去一贯依靠有形产品生存的消费品行业、零售业、制造业，也认识到良好的服务能为它们提供持久的竞争优势。

在我们的认知中，服务业通常指的是餐饮、金融、流通、咨询、业务外包等。在当前竞争加剧、产品同质化压力巨大的形势下，传统的制造、快销、零售、IT 行业不只是售卖商品，而开始将服务变成客户成交和复购的重要业务组成部分。这就是以服务型营销为主的营销 3.0 时代。

在这个阶段，企业的优质产品已不是企业取得长期成功的唯一保证，而是同时还要把同样的优质扩展到服务中去。顾客忠诚度与满意度，很大程度上与企业所提供的服务内容和服务品质强相关。比如，以服务著称的餐饮品牌"海底捞"。

此外，服务的定义也在发生着变化，它逐渐从传统的售后、增值服务演变成用户全生命周期的体验，甚至衍生出新的商业模式。

服务型私域的诞生

私域的商业模式是更高效的商业模型，请看下面这组公式。

传统的零售商业模式：

GMV= 流量 × 转化率 × 客单价

私域商业模式：

GMV= 流量 × 转化率 × 客单价 × 终身消费 × 裂变率

让我们重新思考商业经营的逻辑："把 1 个商品卖给 100 个人"变成了"让 1 个人买 100 件商品，并让他推荐更多的人来买"。

而"1 个人"的消费价值大小，取决于：

（1）这个人一辈子在你这里消费了多少钱，即终身消费价值；

（2）这个人影响别人在你这里消费了多少钱，即社交关系价值。

为什么说私域是更高效的商业模式？因为私域就是从关注货到关注人，而对人的关注就是对服务的深刻理解和洞察。

奢侈品皮具护理店，如何累计2万个高净值用户

革瑞斯的品牌定位和打法

2022年1月，咨询机构贝恩公司发布的《2021年中国奢侈品市场报告》中提到，中国有望在2025年成为全球最大的奢侈品市场，2021年中国奢侈品消费达4710亿元，同比增长36%。其中，皮具以约60%的销售额增速拔得头筹，由此衍生的奢侈品护理行业，业务需求也在不断增加。

当前，国内已经出现了很多类似的奢侈品护理公司。在郑州有一家低调的奢侈品包包服饰护理品牌——"革瑞斯"，它也在不断地壮大。截至2023年，革瑞斯已经拥有2万多个高净值客户，由其经手护理过的奢侈品包包的总价值超过1亿元。

革瑞斯这个品牌，来源于英文单词"Grace"的音译。其创始人的爱人的英文名字叫Grace，寓意为优雅的、美丽的、感恩的，寄托着创始人希望能够将客户的物品保养如新、成就客户优雅人生的期许。又因为Grace在英文里是使用频率非常高的一个女性名字，所以他到很多奢侈品牌店做交流时，经常会遇到店员或客人说，我的英文名字和你品牌店的名字一样，这样一下子就拉近了彼此间的距离，更容易打开话题。

创始人Stone提出"择一业，守一身"的口号。他希望自己选择了一行，就要把它当作一生的事业，全力以赴地对待，将这份事业做到优秀甚至卓越。革瑞斯的愿景是：成为高端客户认可的国内一流的奢侈品皮具/服饰售后服务商，为100万高端家庭提供幸福的生活方式。

第七章 案例：高客单价产品服务型私域模型

创始人一直秉承"信诺重于金"的服务理念。有一次，一位革瑞斯的客户从东北寄来四双鞋子，要加鞋掌，并说在 4 月 2 日那天要带这四双鞋出国，所以 4 月 1 日之前一定要收到鞋子。于是，革瑞斯按照预先和这位客户沟通的，在 3 月 30 日做好了鞋子，并且安排寄出。结果在 30 日当天，革瑞斯发现快递小哥并没有把货收走，如果 31 日寄出，势必会耽误客户出国使用。这时，创始人临时决定亲自坐飞机把鞋子送到沈阳，完成对客户的承诺。当客户收到鞋子的时候，感到非常惊讶，也很受感动。正是这次的沈阳之行，为日后"革瑞斯"走出郑州埋下了伏笔。员工们也在创始人身体力行的感召下，践行企业的价值观：真诚、用心、换位、务实、感恩。

革瑞斯的创始人 Stone 说客户认可你、尊重你，是一个品牌成功的开始。他特别看重时间的积累，并认同《价值》里的一句话："长期主义是穿越周期的终极答案。"不断地穿越时代的红利周期，才是一个品牌真正的持续经营之道。在 Stone 的带领下，革瑞斯目前已经发展到了多个城市、共计 8 家直营店的规模，其中在郑州于 2022 年新增了 1200 平方米的无尘车间（见图 7-1）。又在哈尔滨开了第一个 240 平方米的无尘德式洗衣车间，革瑞斯成为 LV、Versace、麦昆等众多奢侈品品牌的深度合作商。

图7-1 革瑞斯车间图

搭建 C 端私域架构，一个朋友圈收款百万

1. 搭建高端用户私域运营

革瑞斯一开始就将自己定位为服务高端人群的品牌，所以虽然它看似

是在从事洗护行业，但它并没有将自己定位为一般意义上的洗护行业，而是将自己的目标设定为奢侈品护理行业。其创始人Stone觉得洗护的壁垒相对较低，而奢侈品皮具护理是需要一定门槛和技术的业务，壁垒相对较高。于是，革瑞斯从一开始就做难而正确的事，坚定自己的方向，然后不断地完善。

革瑞斯的创始人Stone非常懂得借势营销。他的第一家店就选址在了10年前郑州最好的商场"裕达国贸"里，这是一个25平方米的工作室，紧挨着奢侈品大牌店，给客户的第一印象就很不一样，每次路过这家店都会加深这些高端客户的印象，让他们认为革瑞斯这个品牌就是为高端奢侈品做配套服务的。

在Stone看来，哪怕只有一次服务客户的机会，也要以真心、专业的态度相待，把服务做到极致。在10年里，他们一共积累了2万多个高端客户。

微信兴起后，Stone把微信作为一个通信工具，用于让店员通知客户取包或回答简单的客户咨询。2019年，Stone开始接触私域，他意识到微信里的客户是品牌非常重要的资产，微信里的客户更是一座金矿。之前开店靠选址，开在地段好的地方，客户精准，人流如织，一次性付完租金就买断了公域流量。现在，流量正在重新分配，如果还死守着线下这唯一的触点，用户增速就会减缓，企业发展也会变慢，于是Stone请了中国最贵的私域咨询顾问，帮助企业做商业模式升级，开启了革瑞斯的私域之路。

Stone做的第一件事情就是企业的数字化管理。搭建私域体系，梳理可以接触到客户的所有线上和线下触点。门店店员统一使用企业微信，将线下的流量全部留存到企业微信上，并将头像、昵称、欢迎语、加粉话术、工作流程全部标准化。

Stone还做了一件行业首创的事情，就是将收银系统和客户管理系统打通，通过后台数据分析掌握客户的消费习惯，以及待挖掘的消费空间。根据客户的消费习惯，在季节变换时店员可以私信提醒客户，提升消费频次。通过数据分析洞察客户消费的规律性,从而更好地服务客户。有了这些消费数据后,革瑞斯还可以将这种洞察应用到产品研发、创新、改良以及新产品和新服务的销售预测上。

Stone 说,最好的营销就是产品的体验。

例如,根据对客户数据的分析,可以了解其家庭年均大概可消费的金额;若客户消费过爱马仕、LV 等包的护理(见图7-2),那么他家大概率会有高端衣物的清洗需求,如果还没有拿过来洗,或许是客户不知道革瑞斯有这项业务,或者在别家形成了消费习惯,此时店员就会给客户派发高端衣物洗护的体验券。而体验券的设计也花了心思,前五次免费体验,洗护五次过后,客户不仅会认可革瑞斯的专业性,还能养成信任感和消费习惯。

图7-2 客户物品修复前后的对比图

2. 业务升级,开辟高端洗衣业务

革瑞斯在 2017 年开辟了高端衣物的洗护业务。它一开始做奢侈品包的保养、维修、护理,建立了行业壁垒,但是后来它发现,客户的消费依然太低频,通常一双鞋子在一年中只会洗护 3~4 次,奢侈品包的维修护理在一年中也常常只有 1 次。在创业的头 5 年间,革瑞斯在郑州的高端人群里打造出了良好的口碑。于是创始人思考,围绕同一批人,我们还能为他们做什么服务?于是,他开辟了高端衣物洗护业务,毕竟高端衣物的洗护

比奢侈品皮具的护理更高频。

从奢侈品皮具护理到高端衣物洗护就如同高维打低维，专业的流程、贴心的服务让Stone迅速获得了老客户的信任，客户不仅把自己的高端衣物拿到店里来洗，还介绍给身边的亲朋好友（见图7-3）。

图7-3 革瑞斯对外宣传图

3. 两张洗衣卡变现100万元

企业通过分析后台用户数据发现，针对高端用户衣物洗护，一个客户半年的消费量大约是40件，而原来洗一件衣服的单价为130元，洗40件衣服就需要5000多元。根据这些数据，革瑞斯推出了一张"1999元洗40件衣服"的洗衣卡，而且这张卡的名字也很有意思，叫作薅羊毛卡（见图7-4），并专门标注：只限疫情期间才能享受这种特殊的福利。

图7-4 革瑞斯薅羊毛卡

第七章 案例：高客单价产品服务型私域模型

在这张卡的推广方面，革瑞斯并没有开展大肆宣传的工作，只是简单地发了个朋友圈，然后一对一私聊私域用户，结果一下子就卖出去两三百张卡，迅速回笼了约 60 万元。

革瑞斯一次发售就回款 60 万元，得益于他们和客户一直都保持着联系。在过去的 9 年时间里，他们一直把微信当成一个客服工具，用来通知客户包的维修或者清理的情况，并没有系统地运营。但是在创始人学习了私域流量、知道了私域的重要性后，他们开始把客户当成资产，进行运营管理，并把所有客户留存到企业微信上，用 3 个月逐渐把私域客户激活，然后进行精细化管理。从后台数据来看，洗衣卡这件事对大部分客户家庭来说是有需求的，所以 1999 元的卡才会一出现就能卖得这么好。

卖出去这张 1999 元的卡之后，创始人又在思考还有没有更高客单价的客户可以挖掘。于是，他又在后台拉数据了，从后台数据发现，最高消费类别的客户，一个人一年的消费金额能达到 2 万~3 万元，其洗衣件数为 300 件左右。于是他们把这些客户单独列出来，又做了一张"1 万元洗 300 件衣服"的 SVIP 卡。而这部分用户就是革瑞斯的超级用户。

创始人拿着这些客户消费的账单和年卡，去和客户单独沟通，客户一对比，发现自己一年的洗护需要花费 3 万元，但如果办了 SVIP 年卡，只需要花 1 万元就能享受同样的服务。结果可想而知，这种卡一下子又卖掉了几十张。当他们把这两种洗衣卡卖出去之后，一下子回笼了 100 多万元现金流。

革瑞斯以前是一家门店一年营收 100 万元，现在是靠发售洗衣卡两个星期就卖出了 100 多万元。现金流一回来，整个团队变得非常有信心。毕竟这么大的订单量，至少未来半年客户都会来店里洗衣，相当于提前锁定了客户消费，解决了同业竞争的问题。

2021 年，革瑞斯开始筹备扩建新的工厂（见图 7-5），作为全国奢侈品护理技术服务中心，它采用了全球先进的设备和电气系统，整个工厂店整洁、高效、专业、环保。当大量的固定成本被摊销之后，整体的运营成本就下降了很多，整个公司的效率也更高了。

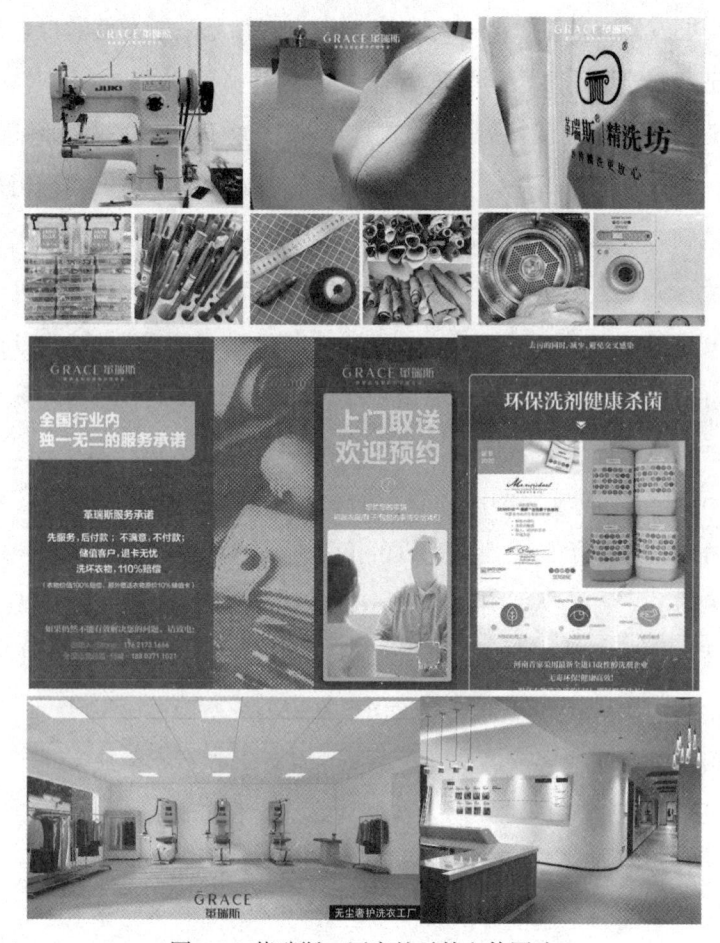

图7-5 革瑞斯工厂店的对外宣传图片

4. 业务再次升级，开辟高端洗车、二奢品收卖、中古家居等业务

革瑞斯服务的是非常高端的客户，这些客户也是各种奢侈品、豪车的用户。他们所用的奢侈品包包、衣物、豪车、高端进口皮质沙发等每年都要进行专业的护理，革瑞斯把业务延展到这方面，开始做高端家具、皮具护理，比如真皮沙发、中古家居等。

2022年，革瑞斯又涉足了"豪车内饰健康极致护理"业务，比如车内饰翻新、修护、车内空气治理、升级换装等，为豪车车主打造不一样的"车内第三生活空间"。同一批客户的整体消费总额，通过奢侈品皮具、高端衣物、豪车护理、中古家具、二奢品收卖等板块，获得显著提升（见图7-6）。这就是在私域运营里所说的要把一个用户的LTV（用户的全生命服务周期）做透。

图7-6 革瑞斯拓展业务

现在革瑞斯的目标是经营好1000个每年在店里消费10万元的超级用户，成为年营收过亿的企业。

革瑞斯带来的启发

1. 精准定位，学会借势

Stone的第一批客户，源自第一个工作室的选址成功——开在当时郑州最好的商场里。这使得来商场逛街的客户都会路过他的店，通过旁边奢侈品店的背书，直接提升了其品牌形象和价值。在最开始，创始人寻找客户的思路是送体验券给奢侈品店的店员，让他们自己来体验或者给他们的客户体验，通过免费体验获取客户的信任。通过创始人精准的品牌定位和人群定位，革瑞斯积累了第一批高质量的种子用户。

所以，精准定位和学会借势非常重要。

最好的营销就是产品体验。

2. 一切生意的成交源自信任

革瑞斯的大部分客户都是通过老客户的口碑介绍来的。新客户是老客户的朋友，自然增加了几分信任感。每一次交付、每一次售后服务、每一次回访都能超出客户的预期，客户对革瑞斯的信任不断增强。因此，当革瑞斯开展高端衣物洗护、精洗保养豪车、中古二奢店等业务时，客户就会跟着一次又一次地消费。

所以，信任的打造非常重要。用真心换真心，做长期主义，才是企业立于长久不败之地的根本。

3. 高客单价产品更注重服务

产品是1，营销是后面的0，品牌是企业最高效、最稳定的私域流量池。

在营销这门学科中，4P是最基础的营销理论之一。

Product 是产品；Price 是价格；Place 是渠道；Promotion 是促销（推广）。真正做营销的人，第一步都是从产品开始的，重视产品价值和用户体验，我们并不是在为自己开发产品，而是在为顾客开发产品。

顾客并不是想要拥有一件商品，他只是想让这件商品帮他解决某个问题。顾客买的也不是一件商品或一项服务，而是一个解决方案。

只要产品或服务足够好，就有渠道可以售卖，找好渠道，做好回头客，做好客户管理，自然就能转化成交。

革瑞斯把企业的资源投入到给用户最好的体验上，用私域把客户留下，通过精细化运营服务好用户，让用户对革瑞斯这个品牌产生好感，最终选择它、复购它并推荐它，这样就形成了企业的护城河。

零基础1个人4个月卖蟹收入200万元

伯虎螃蟹的起源

卖蟹的唐葫芦老师出生在江苏省南京市的固城湖边,他大学毕业后,赶上了大众创新、万众创业的时机。当时,他创业的想法特别简单,就是靠山吃山,靠水吃水。他觉得家乡的大闸蟹不错,想着家乡有一手好货,就不妨试一试,可真正做起来以后才发现没那么简单。

说起大闸蟹,绝大多数人只知道阳澄湖大闸蟹,因为一说到螃蟹必然会提到已经形成了品牌效应的阳澄湖,而固城湖大闸蟹没有任何的江湖地位,在品牌方面处于弱势。

有一次他看到,在某大型电商平台上一盒标注着四两公蟹、三两母蟹、共八只装的所谓的阳澄湖大闸蟹礼盒卖99元,顺丰包邮。实际上这里面都是"洗澡蟹",其规格和质量上也存在以次充好、缺斤少两的情况。但消费者并不懂,他们看到的是阳澄湖大闸蟹,价格便宜,就会下单购买;而自己家乡的不怎么被人知晓的螃蟹,卖得竟然比阳澄湖大闸蟹还贵。在这种情况下,很难打开销路。

生意的前景很暗淡,但是他没有放弃。他慢慢地发现,陆续有客户和他吐槽,说被所谓的阳澄湖大闸蟹坑了,规格不达标,送礼丢面子……这时候他意识到,客户的痛点就是他的机会,只要坚持走精品线路,保质保量,在宣传里标注多大的规格就发多大的蟹,确保只只蟹黄饱满,避开平台上那些所谓的阳澄湖大闸蟹的竞争,针对它们存在的问题做差异化,就能在红海市场中找到自己的蓝海市场。他还在自己的朋友圈发布选蟹、吃蟹的干货知识（见图7-7），让客户的选购更有针对性且更有信心。他相信，总有被坑的消费者会转而选择认真做产品的卖家。

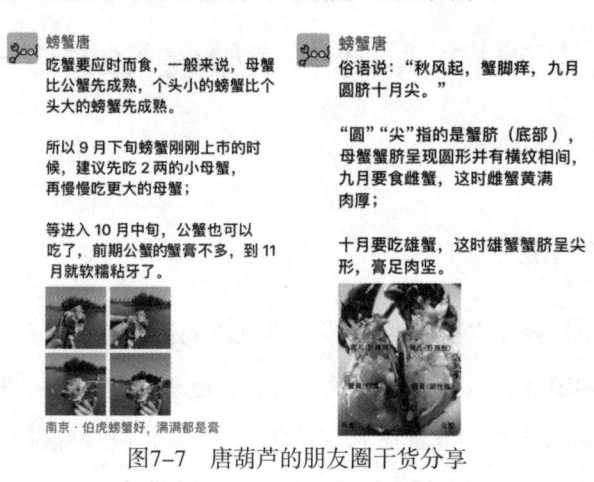

图7-7　唐葫芦的朋友圈干货分享

用极致服务打造产品

唐葫芦老师给自己的品牌取名"伯虎螃蟹"，寓意好蟹是养出来的，更是选出来的（见图7-8）。

图7-8　学习分享朋友圈

他深知产品是根本，于是特意聘请了经验丰富的验蟹师，从源头把控，只只螃蟹过手，把不好的全部剔出来，品相不好的不发，身子不肥的不要，确保每一只螃蟹的质量过关（见图7-9）。

第七章 案例：高客单价产品服务型私域模型

图7-9 日常品控的朋友圈分享

针对很多人吐槽的螃蟹规格问题，他完全做到了足斤足两，标注多大的规格，就发多大的螃蟹，只会多，不会少（见图7-10）。

图7-10 品牌理念宣传

为了更具象化地消除大家的顾虑，他会在一部分螃蟹的包装里加入电子秤，以示诚意。

伯虎螃蟹在包装上也花了很多心思。螃蟹比较特殊，其礼品属性很浓，因此包装的颜值显得很重要。正所谓颜值即生产力，他选用了红金和黑金的配色设计，使他的产品显得简约、高级（见图7-11）。

图7-11 伯虎螃蟹的包装设计

吃螃蟹都需要配料，在料包上做文章也是伯虎螃蟹的一大亮点。市场上大部分同行都是直接采购市场上现成的品蟹包，里面装的都是杂牌子的蟹醋姜茶。唐葫芦老师则亲自选购定制，自行封装。蟹醋，他选的是老恒和牌（见图7-12），在天猫上这样一小瓶卖四五块钱，在一些吃货、老饕笔下，老恒和蟹醋极受推崇。

图7-12 伯虎螃蟹所配的蟹醋

一些客户不止一次地跟他说，配的蟹醋好吃，甜甜的。好吃到什么程度？有客户让唐葫芦专门卖蟹醋给他（见图7-13），还不止一位。还有红糖姜茶，有女性客户让唐葫芦单独卖给她。

图7-13 客户的好评反馈

2021年，唐葫芦老师还特意配了一个刷螃蟹的工具（见图7-14），这也源自一个会员客户的建议。听了建议后,唐葫芦就定制了一批。客户拿到手后大为赞赏,都说想不到还有这么方便的玩意儿,简直太实用了!而伯虎螃蟹赠送给客户的吃蟹工具(见图7-14)就更精致了,有金属的,还有塑料的。

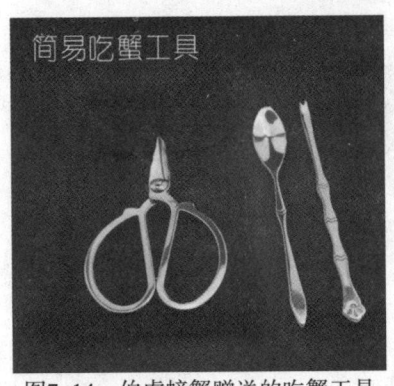

图7-14 伯虎螃蟹赠送的吃蟹工具

你有没有在用心做事,客户是可以看到的。唐葫芦老师确实多花了一些成本,但给客户带来的感觉就完全不一样了。

当客户有了惊喜感,好感度自然会提升,势必会带来更多的复购、更多的转介绍。

细节里藏着魔鬼,也藏着很多机会。伯虎螃蟹在螃蟹、包装、配件等方面狠下功夫,提升用户的体验感,给予客户峰值体验,慢慢地就提升了产品竞争力。即使它没有阳澄湖的名头,也获得了很多老客户的认可和转介绍。

打造个人IP,寻找破局点

2017年,唐葫芦老师在逛知乎的时候,无意间看到了一个万赞回答。他在感叹之余,突然意识到原来知乎的流量这么猛,如果自己也能集齐那么多个赞,不就意味着有1万多人支持他的理念吗?他的螃蟹精品线推广不就打开局面了吗?

于是,他开始在知乎答题,结合之前积攒的客户痛点,讲述各种关于螃蟹的科普知识，慢慢地他有了自己的万赞回答（见图 7-15），并从中以零成本获取了初始的种子客户。

图7-15　唐葫芦早期在知乎引流的高获赞内容之一

运营知乎实际上是打造个人 IP 的一个过程，在知乎输出螃蟹方面的干货知识（见图 7-16），吸引的客户就是喜欢吃螃蟹的客户，也就是唐葫芦的目标客户。当这些目标客户看到他的文章，感知到他的价值所在，就会选择信任他，后期的转化也就水到渠成了。

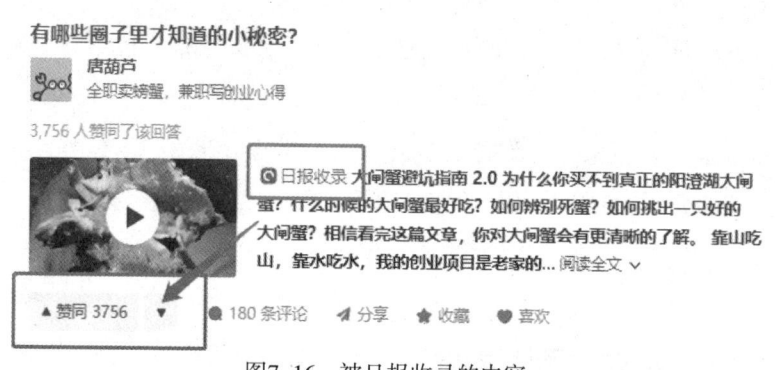

图7-16　被日报收录的内容

用户在知乎上看到唐葫芦的文章分享，产生了购买兴趣后，唐葫芦将用户引导加微信好友，在私域里私聊成交。

他在微信朋友圈输出的底层逻辑是先强调价值观——坚持老老实实卖货，坚持按标注的规格发货，保质保量，唯有坚持品质，做好口碑，才是长久之道。

难走的路，从不拥挤。价值观正，输出优质的内容，做出好的产品，都会是下意识的行为。价值观会体现在唐葫芦说的每一句话中，做的每一件事上，写的每一篇文章中，发出的每一件产品里。

用户也一定会从他的朋友圈和产品中感知到他的温度和友爱，感知到他的真诚和专业。而这些都是最终影响转化决策的因素。

利他是提高工作效率的最好策略。

你付出得越多，得到的回报也就越大。

唐葫芦说，一切交易的基础是信任。输出价值的过程，就是消除目标客户的顾虑，解决他们的信任问题，比起以前盲目地四处寻找客户，这样的获客方式显然更高效、更精准，且成本为零。打造个人 IP，能让更多的目标用户看到价值，让他们主动来寻找我们。

做难且正确的事，亦是长期主义的践行。

2022 年，刘润老师在直播间搞了一个开封菜的系列活动，并在视频号和公众号同步，唐葫芦的案例被刘润老师拆解（见图 7-17），从而得到推荐，让他的势能进一步提升并再次破圈。

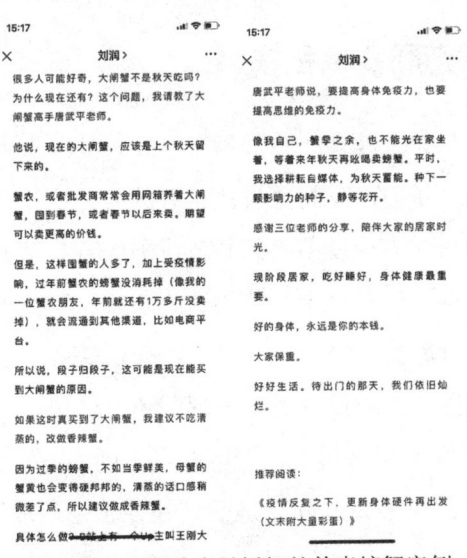

图7-17　刘润公众号拆解的伯虎螃蟹案例

不知不觉间，唐葫芦老师已经成为令别人羡慕的卖货IP。他的朋友圈里有个做荔枝的朋友说花了3个多小时翻看了他的朋友圈，了解到他做人做事的原则，被他的真诚和专业打动，想向他学习，加入会员群并和他一起卖螃蟹（见图7-18）。这就是个人IP的魅力。

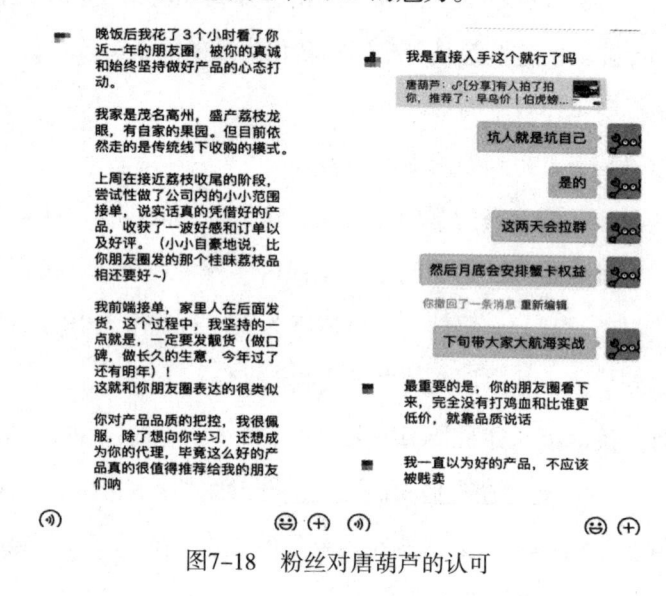

图7-18　粉丝对唐葫芦的认可

高速增长：布局B端私域

随着积累的客户越来越多，口碑越来越好，陆续有人向唐葫芦咨询会员事宜。有的人是为了自己吃螃蟹省钱，有的人是想分享给别人，赚点零花钱。毕竟到了秋天，有中秋节、教师节、国庆节等重大节日，无论是公司采购发福利、送客户，还是个人购买送给亲戚长辈，大闸蟹礼盒都是很好的选择。大闸蟹背后蕴含的商业价值，自不必多说。

最开始，唐葫芦老师尝试开放了一部分免费名额，但做了一段时间后发现，因为没有门槛，大家都是抱着可有可无的心态，没有什么积极性。他知道这样下去只是在浪费时间，赚不到钱，于是他取消了"免费会员"这个模式。

受知识付费社群的启发，在了解到付费粉丝的价值之后，唐葫芦老师开始尝试付费会员的玩法。

付费社群的拉新和付费会员招募，本质上是一回事儿，两者的核心都是需要门票，需要筛选，需要绑定。只有付费了，会员才会用心去做，不会得过且过，大家才能齐心协力地把这件事做好。

他不仅给会员提供卖蟹的文案和内容素材，还会以训练营的方式帮会员提前布局，他结合会员自身的优势，尽可能地把线上和线下的精准客户引流到会员的私域里去。

他还花钱聘请了经验丰富的导师，带着他的付费会员做小红书、视频号、抖音、知乎等平台，有问题一起交流，有经验一起分享，这样一来，会员出单赚钱也就是水到渠成的事情了。

除了前文提到的带付费会员卖大闸蟹，他还会帮付费会员筛选有一手原产地生鲜供应链的产品，共享用户体系，但前提是产品质量要绝对稳定。目前会员卖的产品有花雕熟醉蟹、安吉白茶、云南普洱茶、山东大樱桃、阳山水蜜桃、内蒙古羊肉等。

大闸蟹是一种季节性很强的产品，有了经过验证的好产品，同一批客户可以选择的产品会更多，付费会员卖的产品也更多，黏性也更强。做这些产品一方面是为付费会员提供更多的收入机会，另一方面也是为了维护C端客户，持续建立好口碑，不断建立护城河壁垒，这样客户在选择其他商家的时候，就会在他们心里大大增加障碍。

一切成交的基础是信任。营销的本质是利他，是成就他人，创造价值，企业的利润只是因创造价值而获得的奖励。

公域获客，私域成交。在私域起盘时，一定要思考流量从哪里来？

种子用户的质量，决定了商业变现的想象空间。私域流量的核心本质就是经营用户，经营用户就要筛选种子用户和超级用户。

内容是最好的广告。

好的内容是零成本（低成本）获客的有效方式。用户买产品或买服务，很多时候是为了解决问题。好的产品推荐能力，就是怎么让用户知道你并相信你能帮他解决问题。唐葫芦发在朋友圈里的内容，就让喜欢吃大闸蟹的人觉得他的蟹很好，觉得他懂蟹并且不会坑人，不仅如此，还会成为他的代理一起卖蟹赚钱。

在C端私域中，有价值的会员就是客单价高的会员。

在B端私域中，有价值的是有影响力并愿意分享、转介绍的会员，也就是我们常说的KOC或者KOL。

如果你也有类似的产品，不妨尝试一下唐葫芦老师的做法，即从C端入手，打造信任和背书，持续输出价值观，发展自己的B端，将事业做大做强。

第八章

案例：珠宝门店如何通过一场私域活动营收百万元

珠宝门店现状

珠宝行业市场发展规模

笔者从2012年开始在珠宝行业创业，专注珠宝终端的咨询管理培训等第三方服务。根据多年经验和市场数据得出：中国珠宝零售行业目前处于比较成熟的洗牌阶段；品类比较分化，黄金仍然是国民的最爱，钻石市场因为疫情一度低迷，镶嵌品类占比缩减，加盟渠道扩张，毛利率降低。

中国作为全球较大的珠宝消费市场之一，零售额比重从2011年的23%增长至2021年的37%。虽受疫情影响，零售总额却于2021年重新达到约7200亿元，市场规模之大，人们有目共睹（见图8-1）。

图8-1 某三线城市周六福门店开业现场

根据百度地图数据显示，截至2022年7月，全国珠宝零售门店数量约为14万家。从珠宝零售企业来看，其十年前大部分是夫妻门店，年销售五千万元以上的就可以算作规模性企业；通过十年的发展，现在年销售额超过 1 亿元的珠宝零售企业比比皆是，目前国内具此种规模的企业有上千家。

同行和产品现状

经过残酷的市场竞争和大品牌下沉，珠宝行业可能会迎来大批关店潮，行业竞争手段从价格转向了其他方面，标志着抢占黄金铺位、抢占一线品牌加盟权的野蛮生长时期接近尾声。

近两年，周大福、周生生等头部大牌下沉市场，其终端市场占有率可能超过 35%，截至 2021 年 12 月 31 日，业内排名第一的周大福的终端门店总数达 5078 家，说明未来珠宝终端可能会强者越强，弱者越弱，品牌经营权集中度增强，大店、集合店增加，各地将逐渐出现珠宝零售界的区域"王侯将相"。

临街商铺和高端商场是过去珠宝品牌开店的首选，而这些年来这些黄金铺位的竞争极其激烈，选址开店的成本居高不下。因此，购物中心、商超专柜、社区商业、写字楼等线下位置与淘宝、天猫、京东、微店、朋友圈等线上形式，都成了当前珠宝企业开店的选择。

其次，随着消费人群结构和婚庆人群变化的影响，品牌增长驱动力衍生出了第二增长曲线，钻石品类的销量仍将持续提升，特别是大分数钻戒（1 克拉 =100 分 =0.2 克）可能会更加受消费者欢迎。

随着人们生活水平的日益提升和珠宝市场的发展，消费者的个性化需求越来越明显，珠宝材质也从比较单调的黄金、K 金、钻石、翡翠、银饰，逐步发展到目前的 14K、22K、3D、5G、古法、万足金、五九金、红蓝宝石、坦桑石、碧玺、珍珠、石榴石、葡萄石等。

随着现代科技的发展，珠宝产品的制作工艺种类越来越多，无论是传统的錾花工艺、花丝工艺、烧蓝工艺、点翠工艺、浇铸工艺，还是现代的车花工艺、喷砂工艺、冲压工艺、激光镭射工艺等，都为珠宝产品的多样化提供了更多的可能性。

一方面，珠宝行业门店数量众多，品牌林立，排名前五的香港品牌门店数量以每年30%以上的速度进行扩张，品牌竞争激烈。为了在激烈的竞争中赢得一席之地，很多品牌在产品上着力，不同产品间的品质差异比较大。除此之外，消费者的需求日益增多，品牌的规划和消费者的需求也出现了两极分化。

另一方面，随着产品体系的完善，结合市场营销的需求，品牌常常会按照五级产品体系来进行产品分类：引流品、利润品、黏性品、促销品、造神产品。产品定位不同，对产品的品质也就提出了多样化的需求。

珠宝行业产品的同质化愈演愈烈，价格战越来越严重。

消费者认知和习惯改变

近年来，在宏观经济增长的大环境下，人均可支配收入提升，人们的消费习惯和消费水平也发生了巨大变化，高消费市场不断扩张。2020年出境游受阻后，消费者的目光由海外市场转向国内，奢侈品市场逐步回暖，人们有了更多的时间、金钱和精力来了解珠宝行业，消费者认知水平普遍升级。在此情况下，消费者的进店成交率提高，而进店率却因为各种原因，一直在下降。

笔者发现，各大商场和商业街，客流量明显比之前少了很多，以前熙熙攘攘的大街，现在门可罗雀。再加上各大购物平台、商家小程序等日趋成熟，人们的消费环境、消费习惯和消费心理均发生了改变，消费者逛街的频率呈现明显下降的趋势，随之而来的就是随机性消费客群的急剧减少。

互联网的普及使得很多人开始用手机或者计算机进行购物，在这种情况下，人们的进店需求大大减少，商场和步行街的顾客随之减少，大部分能够主动进店的人都是有一定需求的顾客。门店把重点工作放在提高转化率上，努力抓住每一个进店客户，用于提升店铺业绩，竞争日趋激烈。

根据国家统计局统计的 2021 年居民人均收入和消费支出情况调研数据，全国居民人均可支配收入为 35128 元，比上年名义增长 9.1%；人均消费支出 24100 元，比上年名义增长 13.6%，人均消费能力显著提高，其中食品烟酒、居住、交通通信、教育文化娱乐和医疗保健等生活必需品占居民人均消费支出的 86%。但是，作为非必需品的珠宝，其消费必要性和紧迫性非常低，消费者的购买欲望并没有过多地增长，加之受疫情的影响，居民消费趋向理性消费，因此，珠宝行业的市场并未出现明显的增长。

进入 21 世纪以来，人们的生活水平有所提高，普通人也可以买得起珠宝，但是，一说到买珠宝的时机，很多人第一时间想到的还是结婚、生子等人生大事。但是，随着人们生活水平的日益提升，加之珠宝品牌的平民化，人们购买珠宝已经不只局限于人生大事的场景需求，在母亲节、七夕节等日常节日也产生了需求，珠宝变成了美好生活的参与者，改变了人们的生活和消费习惯。通过营销，大大增加了人们珠宝消费的需求场景，人们购买珠宝的频次也随之增长。

珠宝门店私域实操指南

目前，大部分珠宝门店仍然在持续地开展地推卖券、下乡宣传、朋友圈营销等动作，但是进店顾客日渐稀少，促销成本越来越高，效果越来越差，赢利越来越难……究其原因就是这些商家采用的依然是传统的营销推广模式，导致很多员工出现疲惫状态，客户对商家的宣传产生免疫力，长此以往，不仅无法精准地获取新客户，还可能流失老客户。而采用私域模式来运营珠宝门店，不仅能够减少传统模式中的一些问题，还能为门店打造一些新的增长点。

珠宝门店私域的最大威力在于能够通过自己的流量池撬动庞大的公

域。当消费者被圈粉后，其背后庞大的朋友圈也就成了门店或品牌最好的流量来源。而这也意味着珠宝门店可以用很低的成本，让私域的用户主动为门店进行宣传引流。因为这些用户进行过消费，他们对门店或品牌有一定的认可度，门店或品牌再给予适当的激励，用户的行动力自然超强，于是就能为门店或品牌带来源源不断的流量。

客户进店后，门店或品牌根据情况为他们打上相应的标签，比如年龄、偏好、收入、购买次数、购买价格等；后续通过持续地触达，绑定消费者，就能防止客户流失。同时，门店或者品牌通过塑造IP形象，以一种专业的形象贴近消费者，就能增加与消费者之间的黏性，提升信任度。

如果珠宝门店或品牌能建立社群，就能将消费者引流到社群内，进行统一的运营，比如，每周或每个月的抽奖活动、到店赠送小礼品等。可以通过这样的方式引流到店，增加用户的复购，提升用户的终身价值，即使没有新增客户，珠宝店也能获得翻倍营收。

总而言之，过去私域流量是可选项，现在私域流量是必选项，将来私域流量是制胜项，珠宝门店做私域是大势所趋。

珠宝门店私域实操指南

周大福是国内知名的老字号品牌，2020年年初，其产品销量严重下降，于是该品牌利用员工的个人微信，将顾客加入微信群，借助公众号引导老顾客关注；同时组建兴趣社群，加强与顾客的互动，通过日常运营提升用户黏性，借助小程序商城，在社群内进行发售，将复购率由原来的20%提升至50%以上。

经过此次黑天鹅事件，周大福开始全力发展自己的私域体系，并取得了优异成绩。其社群的构建和运营方式，尤其值得我们学习。

第八章 案例：珠宝门店如何通过一场私域活动营收百万元

1. 公众号引流到社群

周大福的公众号在入口处做了一个粉丝社群的入口（见图8-2），只要一进去就能看到非常详细的社群分类，有文艺圈、爱喵群、潮玩潮搭群、爱美群、健身减脂群、福利群、美食圈、旅游群、亲子群、爱汪群，共10类兴趣社群。

图8-2 周大福公众号粉丝社群的入口设计

这完全符合周大福越来越年轻化的品牌定位，即通过不同场景下的社群分类抓住精准人群，通过精准的活动组织、折扣优惠、新品推荐等运营手段，激发用户的购买欲望，增加随机性消费的概率，最终实现新老用户的成交。

这些兴趣群大大提高了消费者进群的概率。而且消费者进群以后，因为有共同的话题，他们参与的积极性更高，社群的运营成本也会更低。

2. 社群留存和复购

第一步：新人进群后，系统自动发送欢迎语（见图8-3），告知本月福利活动、入群须知和群规，保证群内的秩序和其他消费者的良好体验。

215

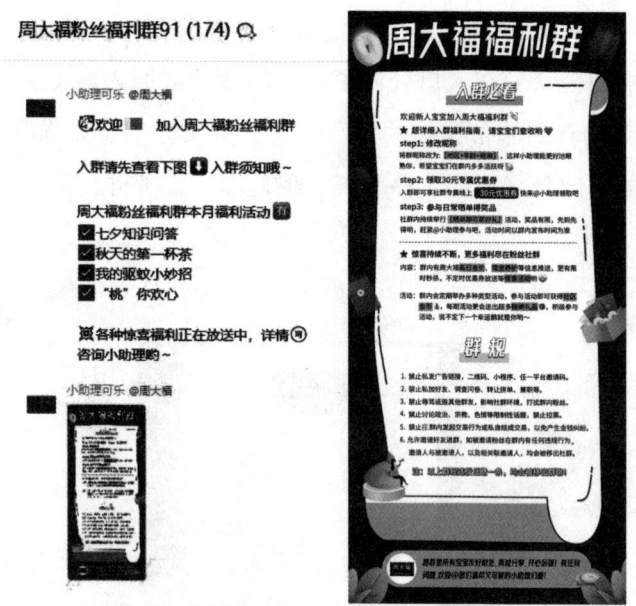

图8-3 周大福粉丝福利群的入群欢迎语

除此之外,社群内还会举办大型的"晒单季"活动(见图8-4),通过送福利引导用户主动晒单。同时还设置了排名机制,利用非常丰厚的福利留存用户,提升用户的消费金额和频次。

图8-4 周大福粉丝福利群的晒单季活动

第二步，社群日常栏目化运营（见图8-5），以"每天金价+话题活动+福利商品+不定时直播"的形式开展。

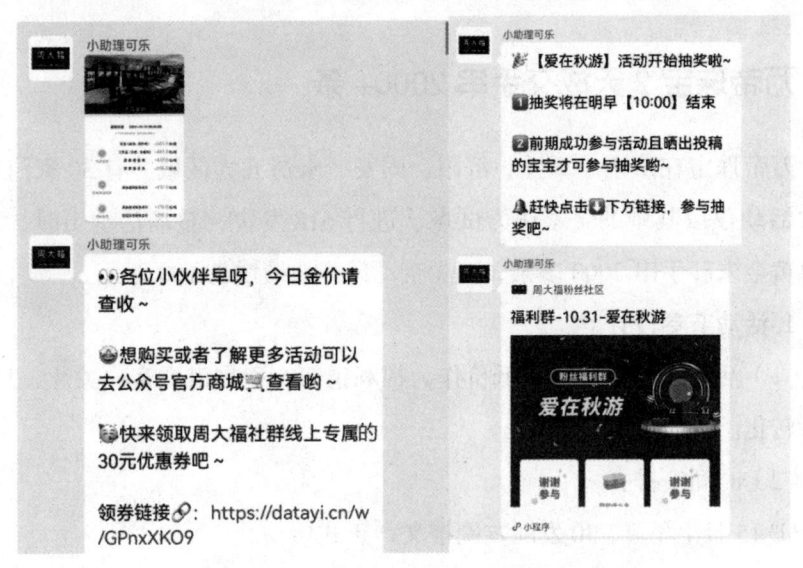

图8-5 周大福粉丝福利群的日常栏目化运营

通过让用户参与话题活动以及引导用户获得抽奖资格、礼品和金币等方式，提高用户参与度、社群活跃度、用户留存和黏性。不定时的直播会被提前发在群内，用户通过扫码进入直播间，品牌通过主播的好物推荐和诱饵设计增加用户随机性购买的概率，进一步提升复购率。

品牌借助社群很好地完成了品牌宣传，同时也提高了消费者的忠诚度，培养了私域用户的线上购物习惯，在一年多的时间内，官方小程序成交总额涨幅显著。周大福2021财报中指出，周大福在内地的零售销售额同比增长266%，销量增长106%。

天风证券研究所数据显示，截至2021年12月31日，周大福在内地的门店数量已高达5078家，而且正在以每年500~700家的速度扩张，借助小程序的新零售将成为未来的趋势。

许多中小型门店无法做到精细化，但是，通过社群好物推荐复购，再由小程序转化成交的思路，仍然值得学习。根据门店的情况，品牌可以利用活动引流，组建自己的私域，借助每周/每月的活动激活消费者，提高到店的概率，从而实现业绩增长。

万帝珠宝2天成交手串2000+条

万帝珠宝在济南、章丘、济阳、固安、永清五大区域共有30家门店，本次活动仅以其中的7家作为试点，进行618发售，整场活动历时2天，售出黄金朱砂手串2000多条，至少带动门店业绩增长100万元。

1. 活动节奏设计

（1）活动目的：以秒杀低价作为福利诱饵，引导潜在客户关注、到店进行转化。

（2）时间安排：

①15日上午9：30发朋友圈推文，正式启动。

②16日下午4：00公布价格。

③16日下午4：30建群。

④17日下午2：30开始售卖。

⑤18日售后追踪。

⑥19日晚上8：30正式结束。

2. 朋友圈和社群流程设计

（1）售前深度预热。

第一条朋友圈：

最近很多家人私信问我，618购物狂欢马上就要到了，店里面有没有什么活动？要不你们留言告诉我，最希望什么产品做活动，留言最多的我去跟总部申请，可供选择的产品有：

①网红爆品；

②钻石K金；

③银饰翡翠。

配图：和客户微信对话的截图、618造势海报。

评论区：我申请的福利，只有微信好友可以享受哦。

第二条朋友圈：

上一条朋友圈回复的朋友太多了！没想到最多人想要参与的活动居然是它！你们猜一下是什么？点赞超过50人，我就去向总部申请这款产品的重磅活动！能不能申请到优惠就看你们的了。

PS：私信触达好友点赞至少要找100个人。

配图：说大事专用图。

评论区：才发了一会儿，就这么多人点赞了！

第三条朋友圈：

现在快下班了，我还在跟老板申请活动福利，一定努力给大家争取最大的优惠！

大家赶紧给我点赞，让总部看到我们的热情！这样我更容易申请到活动福利！

配图：618店铺海报、我超爱你的网图。

评论区：各位久等了！看我最新的朋友圈！进群名额开放啦！请大家扫码进群，耐心等待。明天下午2：30活动准时开始！仅限群内粉丝享受活动价！进群的宝宝们还可免费领取网红相思豆项链一条！

活动开始前追评：万帝珠宝618快闪节秒杀朱砂手串，活动1小时秒杀400多条！剩余数量不多！时间仅限4小时，卖完随时结束！看我最新的朋友圈，赶紧扫码进群抢购！

第四条朋友圈：

好消息！这次呼声最高的竟然是黄金朱砂手串，也太会选了吧！是不是最近刷视频被好物推荐了？我申请了2天，终于拿到了优惠！不过优惠多少要看你们的点赞量哦！点赞越多，能申请到的优惠越多！

配图：3张精致的朱砂手串。

评论区：大家动动手指头，说不定我能申请到比618年终大促更优惠的价格，靠大家啦！

半小时后追评：这次的优惠活动仅限微信粉丝享受，今天下午我会建团购群，大家进群就可以抢购到价格最低的小金珠朱砂手串！到底能有多低的价格，就看你们能继续给我点多少赞啦！

活动开始前追评：各位久等了！看我最新的朋友圈！进群名额开放啦！请大家扫码进群，耐心等待。明天下午2：30活动准时开始！仅限群内粉丝享受活动价！进群的宝宝们还可免费领取网红相思豆项链一条！

第五条朋友圈：

晚上出门的姑娘记得戴上你们的朱砂手串哦！朱砂，主红色，主吉祥，入心经，可安神，定惊，清肝明目，古称辟邪之尊。

配图：3张精致的朱砂手串配图＋大家都戴朱砂手串的图片。

第六条朋友圈：

咱们万帝珠宝，之前可从来没有做过团购活动哦！感谢大家这两天的积极点赞。

现在已经确定了，我申请到的价格比任何活动价都要优惠，大家猜一下，原价199元的黄金朱砂手串，618快闪节卖多少钱？

来来来，大家动动手指猜个价，老板说了参与猜价的人越多，活动的力度越大！

配图：秒杀竞猜活动海报。

评论区：大家动动手指，猜价走起！参与猜价格的人可以得到神秘小礼物哦！

1小时后追评：有猜299元、199元、99元的，都不对，哈哈！

8小时后追评：记得点赞哟！时间有限，大家先进群，耐心等待，17号下午2：30开始享受重磅福利！

追售阶段追评：活动太火爆啦！昨天手串已经被抢光了！大家看我最新的朋友圈，抢到的可以联系我领取了！到店免费加送一条网红相思豆项链！

第八章 案例：珠宝门店如何通过一场私域活动营收百万元

第七条朋友圈：

重磅！

早上发的朋友圈已有超80人点赞了！

原价199元的产品，本次快闪节活动价仅需39元，都是大家的力量，参与猜价的太多，所以公司给的优惠力度特别大！全省近三十家门店同步活动，仅有1000个名额，下午4：30，我会开放进群秒杀名额征集，若想参与618闪购节秒杀活动，请给我点赞！届时我就在朋友圈提醒大家！

配图：朱砂手串以优惠价格消售的海报，仅限1000串。

评论：各位久等了。看我最新的朋友圈！进群名额开放啦！请大家扫码进群，耐心等待。明天下午2：30活动准时开始！仅限群内粉丝享受活动价！进群的宝宝们还可免费领取网红相思豆项链一条！

30分钟后追评：朋友们快进群啦！进群的宝宝们还可免费领取网红相思豆项链一条！

追售阶段追评：真的太火爆了！万帝珠宝618闪购节优惠活动很快就要结束了！群内还没抢到的家人们赶紧进店预约抢购第二波吧！错过再等1年！进店的宝宝们还可免费领取网红相思豆项链一条！

开始建群并且制定群规则：

群公告：

亲爱的铁粉们，欢迎来到万帝珠宝618闪购节秒杀活动。

【禁言】现在是进群阶段，活动还没开始，请不要说话，以免打扰其他人哦。

【置顶】请大家提前把群置顶，避免错过活动，群内禁言，不会打扰到大家。

【活动】这次我向老板申请到了优惠力度大的活动，比你们在其他活动中购买还划算，原价199元的黄金朱砂手串，现价只需39元！

【免费送】我给大家申请了双重福利活动，只要待在群内就可以免费领取网红相思豆项链哦，领取时间为18日~19日。

【6月18日下午2:30】活动准时开始，手慢就抢不到了哦！

活动开始前还会有一轮红包轰炸，记得准时来哦！

配图：朱砂手串以优惠价格销售的海报，仅限1000串；免费加送网红相思豆项链图片。

群内动作：备注"领取相思豆项链的时间为18日~19日"。

群红包：满200、300、400人进群时，及时发红包雨，继续拉人裂变。

同时私信触达：晚上好呀，这次真的有个特别好的活动，我怕您错过，特意来跟您说。我们正在做一场618闪购节活动，让利给我们的顾客，原价199元的黄金朱砂手串现仅需39元，三十家门店同步活动，仅有1000份！要是你有兴趣，邀请你加入我们的活动群，明天下午2:30开始抢购，过期恢复原价，网红爆款非常好看，我这边可以先帮您登记预留一个名额。

配图：朱砂手串的价格海报+实拍图。

活动当天：

第八条朋友圈：

早！万帝珠宝618闪购节秒杀活动还有5小时开始！请还没进群的朋友赶快扫二维码进群！数量有限，还没正式开团就被预订了200多条，活动开始前将被秒光！优惠仅剩5小时！

配图：带入群二维码的618快闪节推广海报；私聊时有人预订的截图；倒计时5小时的海报。

评论区：亲爱的朋友们，此次活动仅限万帝珠宝微信粉丝参与哦！

第九条朋友圈：

大家吃饭了吗？万帝珠宝618闪购节秒杀活动，还剩3小时开始！内部员工也想参与这次团购活动，都被拒绝了！

配图：内部员工想参与活动被拒绝的私聊截图；带入群二维码的团购节推广海报；倒计时2小时的海报。

第八章 案例：珠宝门店如何通过一场私域活动营收百万元

评论区：请还没入群的朋友们抓紧啦！下午2:30活动准时开始。

第十条朋友圈：

万帝珠宝618闪购节秒杀活动，仅剩1小时开始！活动还没开始，入群参与的万帝粉丝们已经迫不及待了。

配图：群内热烈讨论、期待活动的对话截图；带入群二维码的团购节推广海报。

评论区：活动仅剩1小时，马上就要开始啦，请还没进群的宝宝们抓紧时间进群，进群的宝宝们还可免费领取网红相思豆项链一条哦！

（2）售中氛围（群内主要运营动作）。

第一个动作，开场烘托氛围：

大家在吗？我是万帝珠宝618快闪节福利大使！活动即将开始！我要发红包啦！发红包啦！发红包啦！在的扣1！扣1！

第二个动作，签到红包：

亲爱的铁粉们，欢迎参加万帝珠宝618闪购节秒杀活动。

【禁言】现在是进群阶段，活动还没开始，请不要说话，以免打扰其他人哦。

【置顶】请大家提前把群置顶，避免错过活动，群内禁言，不会打扰到大家。

【活动】这次我向老板申请到了优惠力度大的活动，比你们在其他活动中购买还划算，原价199元的朱砂手串，现价只需39元！

【免费送】我给大家申请了双重福利活动，只要待在群内就可以免费领取网红相思豆项链哦，领取时间为18日~19日。

【6月18日下午2:30】活动准时开始，手慢就抢不到了哦！活动前还会有一轮红包轰炸，记得准时来哦！

（备注：满200人扣1，配上话术发红包，按节奏连续发3个——第一轮、再来一轮、最后一轮。）

第三个动作，产品介绍+活动告知：

223

【活动开始啦！】我先来给朋友们介绍本次参与秒杀的网红小金珠朱砂手串：原价199元，现价仅需39元！

　　想要的赶紧参加【接龙】活动，完成接龙之后找到邀请您进群的店员，转账39元即可，然后添加售后客服【万帝大使】。

　　（付费后一周内可到店自提，数量有限，赶紧抢。）错过就亏大了！卖完随时结束，数量有限！大家抓紧时间啦！

　　配图：朱砂手串的价格海报。

　　赠品介绍：额外福利大放送，仅限本群。

　　在本群的家人们可到店免费领取网红相思豆项链一条，数量有限，先到先得！

　　领取时间：6月18日~6月19日。

　　配图：相思豆项链的海报。

　　第四个动作，实时解答+订单雨。

　　每当有顾客下单，私聊让顾客把订单截图发在群里，以刺激其他用户下单。

　　话术：

　　感谢您的订购，如果您把订单截图发在群里，我们会另外赠送一份礼品给您！

　　而此时还需要开展的动作包括：

　　①群内水军开始接龙，定数量；

　　②在群内发送用户转账截图及收款记录；

　　③每当群内有用户付费就@对方，恭喜抢购成功；

　　④随时关注群内动态，解答大家的问题；

　　⑤私信引导成交。

　　配图：顾客的订单截图。

　　第五个动作，库存更新+用户到店取产品+倒计时。

　　此时除了要在群内做秒杀活动之外，还需要注意继续在朋友圈公布活动的进程,吸引更多人看活动内容,进一步扩大活动的影响力,促成更多的成交。

【活动进度播报】

①群公告+朋友圈。

短短40分钟内卖出黄金朱砂手串200多条!有不少同时买2件、3件的朋友,618闪购节活动1年仅有1次,错过就要等明年了!

剩余数量不多了!大家抓紧时间啦!

限时4小时,卖完随时结束活动啦!

②群公告+朋友圈。

各位家人下午好,活动开始仅90分钟,手串已经被抢了538份,现在仅剩462份!冲啊,请还没下单的家人马上私信邀请你进群的导购,转账39元(配产品图片)!

③群公告+朋友圈。

各位家人们,我们的活动开始仅2个小时就成交了731单!现仅剩269单!

活动仅限今天2:30到6:30,距离结束还有2个小时(配产品图片)!

④批量私信动作。

你好呀,39元抢价值199元的黄金朱砂手串活动,还有不到2个小时就要结束啦!

目前仅剩200多个名额,怕您错过,可以直接给我转39元抢名额(配产品图片)!

⑤群公告。

各位家人们,我们的活动还剩最后100个名额!请还没参与活动的家人们一定不要错过!

找邀请您进群的导购付费即可(配产品图片)!

配图:卖出235/538/731件黄金朱砂手串的海报+群内喜报(卖出235/538/731件的对话截图);还剩最后100份的海报。

活动结束前10分钟，发朋友圈的内容：

最后10分钟！抢购即将结束！

最后10分钟！抢购即将结束！

最后10分钟！抢购即将结束！

配图：抢购倒计时10分钟的图片。

评论区：要抢购的家人尽快哦，数量不多，大家抓紧时间。

整个发售时长是4个小时，在这段时间内，要不断地发送倒计时海报，每次发送完话术后，要跟着发一个红包，使用户的注意力集中在群内。鼓励已经下单的顾客将截图发到群内，并且提醒他们添加【万帝大使】微信，方便在为用户提供售后服务的同时，将用户沉淀到企业私域流量池中，便于以后的精细化运营和转化。

（3）售后追踪。

宣布活动结束。

宣布结束的群公告：

各位家人们，我们的活动持续仅4个小时，1000条网红小金珠朱砂手串就已售空！感谢大家的支持，我们的活动群在48小时内也会解散，再次恭喜抢到的家人们！

配图：活动结束海报+红包雨。

此阶段可以在快闪群和朋友圈同步更新。

客户到店领取进度播报。

文案：

门店刚开门，昨天下单的朋友已经迫不及待地想到店里来取货了，看来大家迫不及待地想戴上美美的朱砂手串。

配图：用户到店取货的图片或者视频。

用户好评反馈文案：

真的是越看越好看，佩戴的效果实在太好了。

配图：客户晒图、产品秀图片或者客户反馈聊天记录的截图。

（4）追售。

私信触达文案：

XX，下午好！昨天39元秒杀团购价值199元的黄金朱砂手串，我看您没抢到，因为您一直是我的老客户，同时是我们店的尊贵会员，所以您可以直接转我39元，我帮您申请一下，看能不能多加1串，您后面也可以抵199元换购其他首饰。

配图：活动产品图+结束海报。

预告下期。

群公告和朋友圈：

各位家人们，昨天活动持续仅4个小时，1000条黄金朱砂手串就全部售空了！

昨天就有好几个朋友私信问我还能不能抢到？没来得及参加我们闪购活动的家人们，如果您错过了，可以私信我，我看能不能给您再申请名额……

配图：活动产品图+战绩海报。

3. 素材准备及人员安排

（1）海报设计。社群海报、发朋友圈的海报、倒计时海报、进群海报、售罄海报、产品海报。

（2）微信截图。和顾客私信对话的截图、私聊时有人预订的截图、万帝员工想参与活动的私聊截图、群内热烈讨论及期待活动的对话截图、顾客订单截图、用户咨询什么时候可以取货的微信咨询截图。

（3）结束后的其他图片。解散群图片、销量喜报图、黄金朱砂手串实拍图、客户到店取货的视频或照片、很多人下单的截图或视频、老顾客的好评反馈截图。

（4）人员安排。操盘手1人，掌控全局，处理突发情况。氛围组：每人准备1个小号进群，用来烘托气氛。

第九章

案例：加油站+旅游 私域门店爆单玩法

要想营销做得好,"读懂"客户少不了

兴趣消费时代,学会"读懂"客户

在"流量为王"的新商业时代,实体店的老板不仅经历了时代的更迭、消费习惯的变革,商业模式的创新,还经历过疫情的重创。长此以往,传统的实体店如果不开始改变,就只会被商界中无情的浪潮击退。

但是,创新或改变,方向在哪里?

在过去的两年里,流量红利、私域的概念被炒得沸沸扬扬。业界常说,一切生意的本质是流量,一切流量的终点是私域微信生态圈。然而,做好私域并不是一件易事。面对线下实体企业获客成本居高不下和流量增量枯竭的现状,各大平台对流量的竞争已经进入白热化阶段。实体店获客该何去何从?

突发的疫情,加快了实体门店的转型进程。对这些实体门店来说,提高"获客"的能力变得迫在眉睫。

当前有很多老板都说,尽管店还在,但客人没了。怎么办呢?其实,在流量红利消失之后,构建私域客户生态体系已经成为企业必须要走的路。

私域运营是以客户为中心的,企业首先要思考的就是客户在哪里?目标客户是谁?客户的需求点是什么?以什么方式触达并吸引目标客户?营销的道路千万条,找到最适合自己的那一条,才是王道。

事实证明,营销要想做得好,"读懂"客户少不了。

尤其是在私域营销领域，要想真正地把客户经营好，一定要找准企业和客户的契合点和痛点，对症下药。

我认为最好的连接客户的切入点，非"兴趣"莫属。

即使是再好的销售，也不可能直接成交一个陌生人；任何成交，都少不了客户的培育过程。培育不仅仅是产品的传递、品牌的构建，更多的是以客户为中心，构建认知和信任体系。而最快、最好的方法，就是利用"兴趣"在彼此之间建立情感连接，在适当的时候融入品牌和IP，加深客户对品牌的认知。

做好"兴趣私域"，会给企业的营销带来意想不到的效果。

1. 兴趣消费时代的发展历程

为什么说"兴趣消费"时代非常重要？因为现在的消费主力群体已经从过去的60后、70后及80后过渡到了85后、90后、95后甚至00后，大锅饭式的批量产品时代转变为小而美的个性化消费时代。年青一代关注的更多是"兴趣"，随着社会的发展，人们更加注重个性化需求，喜爱并热衷于自己的爱好，愿意为爱好和因此而延伸的情感需求买单。

被誉为"现代营销学之父"的菲利普·科特勒（Philip Kotler）认为，人们的消费行为变化，可以分为三个阶段。

（1）量的消费阶段。在这个阶段里，因为供不应求的市场环境，消费者所看重的是产品的数量。

（2）质的消费阶段。在这个阶段里，因为市场处于供应比较宽松的环境，消费者会比较看重产品的质量。

（3）情感消费阶段。在这个阶段里，消费者所看重的已经不是产品的数量和质量，而是与自己的密切程度，或是为了使某种情感上的渴求得到满足，或是追求一种商品与理想的自我概念的吻合。

比如，DR钻戒始终以"男士一生仅能定制一枚"的独特定制模式，在情感层面上获得消费者的认可，情感成了维系品牌忠诚度的纽带。

随着我国经济的发展，人们越来越重视心灵的充实，越来越多的人愿意为情感价值买单。现在的客户喜好娱乐和社交，他们非常容易被带有情感属性的好物推荐所影响，所以，以"兴趣"带动情感营销是实体店家值得尝试的方向。当前，私域运营依然是企业寻求获客、推动增长的重要方式之一，而兴趣私域则是私域运营中一种相对快速的客户运营方式。

2. 兴趣类私域社群崛起

早在2017~2018年，很多互联网公司察觉发展增量即将到顶，于是它们开始挖掘老用户的更多价值，私域流量的概念因此而流行起来。发展至今，人们渐渐发现，要想留住客户就要进行精准筛选，兴趣爱好型私域比服务型私域更能促进转化成交。

在很多商家眼中，容易被兴趣支配是这一代年轻人最大的消费特征。这种特征促使商品的使用价值和情感价值逐渐分离。如今的年青一代开始注重文化属性和情感价值，跟产品功能比起来，有时他们更在意产品是否好看、好用、好玩。

那么，什么是兴趣型主题私域社群呢？

兴趣型主题私域社群，顾名思义，就是用户围绕一定的兴趣主题，在企业的经营模型内建立一个主题型社群，连接兴趣、爱好，产生共同的话题、认知、情感、文化。当社群中的客户拥有共同话题，他们日常的活跃度、活动的参与度就会相对较高，从运营的角度看，这样的社群运营方式能够取得非常喜人的效果。

举例来讲，一家经营户外运动用品的门店建立了一个围绕露营、登山等活动的社群。由于人们是基于共同的爱好而聚集的，在日常运营中，这个社群不需要门店付出很多运营成本，只要提出合适的话题，群成员就会自发地讨论。

在群成员不断接受好物推荐的过程中，对应的设备需求也会随之产生。这样一来，不仅提高了转化率，还为门店提供了明确的客户需求点。而随着社群情感连接的日益加深，老客户会更愿意给商家介绍新客户，最终形成良性循环。

正如抖音电商总裁魏雯雯提到的一个观点：兴趣被内容激发，可以促进短期转化；兴趣也会延伸，会有持续性，用户的兴趣被更多的场景自然承接。

在私域中，商家就是利用社群这个较为封闭的环境，鼓励客户进行分享讨论，构建丰富的场景，挖掘其他客户的内在需求，借助发售手段，产生成交。

兴趣私域社群的玩法多种多样，其运用与设计通常都跟企业现状、场景结合在一起。兴趣私域的玩法也多种多样，但是其出发点要围绕客户画像，先找到客户兴趣点背后的需求，然后再投其所好，建立一个圈层。最后，围绕这个圈层里的一群人，做产品和场景的匹配，在商家与客户之间建立信任，达成类似朋友一样的关系。

在运营中，需要团队对客户进行精细、精准的筛选和分层；从数据后台读懂用户，服务用户，与用户产生朋友式的对话；通过全面的数据分析，构建用户兴趣消费属性，拓宽用户的消费品类，提高客单价。

私域精细化运营为什么要关注兴趣

前文提到，如今的消费主力在选择产品时更注重情感上的需求，在有共同爱好的前提下，他们会自发地形成自己的圈层，相比于现实生活中受到人际关系、地点、时间等因素的约束，在虚拟网络中孕育的圈层文化显然更符合年轻人的社交习惯，越来越多的人关注圈层、进入圈层、在圈层中找到伙伴和资源，在圈层中发生社交、发生成交。

《2022中国百大兴趣族群图鉴》报告中的内容显示："入圈与破圈"已经成为当下的关键词。

兴趣已成为分享、社交和自我表达方式的底层逻辑。拥有共同兴趣的社群，可以逐步发展成独特的圈层生态，并催生圈层经济的发展。

比如，现在日活跃度最大的视频平台——抖音，其实就是兴趣电商。相较于抖音本身，我们又可以将其理解为最大的兴趣私域平台。据统计，仅在抖音中存在的高价值兴趣族群，圈层就有 21 个大类，族群有 103 个，用户规模高达 2.4 亿人。而在 2022 年 5 月 31 日举行的抖音电商第二届生态大会上，抖音电商总裁魏雯雯更是宣布将兴趣电商升级到全域兴趣电商阶段，将从内容延伸到更多场景，满足用户多元的场景需求。

兴趣电商的商业逻辑就是基于兴趣逻辑，借助内容产生激情购买。如果你关注过圈层经济，就会发现很多品牌早就开始布局了，它们借助兴趣圈层实现了企业发展的另一个春天。兴趣就是品牌营销运营中至关重要的环节。

私域的基础在于维护好老客户，因此更应该重视兴趣内容的运营，增加用户与用户之间、用户与品牌之间的连接和黏性。

1. 兴趣的概念和特征

兴趣表现为人们对某件事物、某项活动的选择性态度和积极的情绪反应，它可以使人集中注意力，产生愉快、紧张的心理状态。如果对某种事物产生了兴趣，人们就愿意对其倾注情感、投入时间、花费金钱，从而获得身心愉悦、自我认同、充实自我等成就感。综上所述，兴趣是探索事物时投入情绪动力的心理倾向，它包括精神动力、情感投入、表达展现和价值成就这四大要素（见图 9-1）。

图9-1　兴趣内核的四大要素（图片来源：《2022中国百大兴趣族群图鉴》）

在互联网时代，兴趣促使圈层文化产生，这对实体门店而言，是一个难得的机遇。因为兴趣往往与场景一同出现，而线下门店是当前商家打造场景的利器。

圈层给线下门店提供了一个与用户深层次接触的机会，但客户的行为是复杂的，即使同处于一个圈层，细分之下也有差异。比如，音乐有摇滚乐、古风乐、流行乐等各种分类；游戏有竞技类、养成类、解密类等不同类型；运动包括钓鱼、游泳、徒步、健身等许多领域。

除此之外，在客户本身拥有多种兴趣的情况下，如何对客户的兴趣进行合适的归类，给商家带来了区分的难度。特别是与互联网一起成长起来的95后、00后等群体，"个性化"是他们的关键词，也是他们彰显自我的方式。在这种情况下，"入圈"对商家来说仅仅是开始，突破思维的局限，实现"破圈"，才能带来新的业绩增长。

2.兴趣私域形成的圈层化族群意识

在由兴趣催生的圈层社群中，各成员之间拥有共同的价值认知、共同的群体意识、共同的情感认知和共同的消费观念等。在圈层中，他们可以满足自己的存在感、归属感、幸福感和认同感等一系列情感需求。

这些不同的兴趣社群的背后蕴含着巨大的商业价值。因为只要消费者的数量足够多，任何一个领域垂直细分下的分支都能成为企业的支撑点。

在流量红利衰退的当下，挖掘用户背后的兴趣需求，利用兴趣族群的分层特征，进行标签化运营的思维已经渗透到了各大行业。对线下门店来说，需要经营者突破传统思想，一改以往被动地等待客户上门的经营风格，要转变为借助兴趣链条主动接近目标客户，感受新零售时代中各兴趣圈层的用户的情绪、需求和爱好，构建真实的场景，与目标群体产生真实的"连接"，开始学着和客户交朋友、玩圈子，将产品植入到客户的心中。打破思维定式，将自己主动融合进更广泛、更有连接性的新圈层生态中，开辟属于企业自身的新客群私域阵地。

比如，培训机构可以构建妈妈圈层，构建家长成长圈、亲子社会实践圈、亲子研学圈、旅游圈等。

比如，服饰、美妆行业可以围绕客户爱美的本质，构建周边兴趣圈层：运动圈、品质生活圈、闺密圈、健美圈、美容圈等。

比如，家电数码行业可以往巩固提高生活品质的方向靠拢：花艺圈、摄影圈、理财圈、美学圈等。

各行各业都要思考自己的客户可能会对什么产生兴趣，其存在于哪个圈层？然后用方法和工具找到自己需要的客户兴趣池，通过分类管理进行精细化运营。

3. 通过兴趣标签找到人群兴趣值

虽然兴趣圈层多种多样，但我们可以通过标签找到目标用户的所在。这个过程中最重要的是如何通过筛选标签确定精准用户。

我们可以将标签分为四个层次，逐层选择。

（1）基础标签。包括性别、年龄、职业、人生阶段、消费偏好、社会身份等基本信息。

通过这些信息我们就能描绘出基本的客户框架，比如，客户是一个在一线城市工作的25岁未婚白领女青年，我们就可以合理地推测她对时尚类品牌有一定需求。因为未婚，她很可能会将自己的精力集中于自身，一线城市的工作白领，在出入不同场合时需要不同的服饰穿搭。

可以说，通过基础标签就能初步判断客户的需求点与产品所处的领域有没有重合的可能性，从而减少后续筛选的压力。

（2）内容兴趣。第二层的内容标签可以真实地反映出用户本身的兴趣点。

日常生活中，最常见的有电视剧、二次元、穿搭、教育、亲子、纪录片、音乐、美食、萌宠等。

对于自发关注的兴趣领域，客户往往有着比较强烈的购买意向，在通过圈层接触客户的过程中，商家要尊重各圈层的社交规则，因为只有让客户感受到自己被重视，其才会愿意与商家有进一步的接触。

（3）行业兴趣。有些客户关注的不是具体的事物，而是某个较为宽泛的行业，比如手机、金融、旅游、保险、彩妆、宠物、百货等。

有些客户并不聚焦于单独的品牌，而是在一个行业中不停地游走；他们不是品牌的忠实粉丝，而是某个领域的常客。对于这种客户，商家要关注行业的价值，发现客户潜在的商业价值和消费倾向。如果客户对行业的了解够深、够准确，商家可以将其发展为KOL/KOC，实现双赢。

（4）兴趣广度。兴趣广度可以反映群体在规模、活跃度、消费和营销等关键行为上的差异化，商家可以借助数据寻找真正匹配的客户。

根据用户对兴趣的广度，我们可以将用户的兴趣特征分为三大类：第一类，兴趣专一、喜欢研究、在兴趣上花的时间和精力较多、兴趣长情且稳定；第二类，有两个相似或者互补的兴趣爱好，活跃度较为均衡；第三类，兴趣泛化，对短期兴趣的投入较高，喜欢不断接触新鲜事物。

百业+旅游兴趣私域的门店爆单玩法

利用"兴趣私域"实现门店业绩爆破

抖音电商第二届生态大会公布了以下数据。

截至2022年4月30日，年销破亿元的商家有1211个。其中有134个新锐品牌年销破亿元；年GMV破千万的达人超过12000名；年销破亿元的商品有175款；有163个商家服务商伙伴年GMV破亿元；有172个MCN机构年GMV破亿元。

这些数据既肯定了以内容为中心的运营模式，也奠定了抖音全面升级兴趣电商的坚实基础。这就是线下门店一定要构建兴趣私域的原因，即通过个性化需求将商品内容与场景相匹配，以激发兴趣消费为始，实现"货找人"的全新购物路径。

具体路径可分为五大步：

（1）通过标签，挖掘用户的潜在需求；

（2）通过兴趣内容和场景好物推荐，刺激用户产生购买欲望；

（3）展现真实的使用情境，用可行度高、生动的内容促使客户行动；

（4）举手锁定用户决策，实现成交；

（5）不停地做兴趣匹配、推荐唤醒，引发复购。

作为传统门店，营销活动单一，产品同质化严重，毫无吸引力，缺少与客户产生深度连接的机会；营销活动费用大，回报少，利润低；活动礼品没有针对性，导致客户不够精准，转化率低，无法提升客单价；日常获客渠道单一，新客户少，老客户留存率低；行业乱象、成本增加、无法满足客户多样化的需求等原因，导致成交难。

作为同样深受疫情困扰的行业，各大景区、旅游公司，以及上下游的供应链、OTA、旅行社的现状并不乐观，资产缩水、宣布倒闭的企业比比皆是。

我们利用自身专业的策划团队和庞大的资源整合体系，针对实体门店，结合旅游这种大众化兴趣，定制专属的营销方案，构建旅游兴趣圈层，通过活动绑定用户，拉近门店和消费者之间的距离。旅游+百业+供应链的超级大礼包大大提高了实体门店的成交率，而旅游过程中完善的服务，后续社群中不间断的分享，又增加了客户黏性，为复购奠定了基础。

旅游+全域平台的"兴趣类私域"玩法外加旅游+互联网的模式，直击各行各业的营销痛点，实现了旅游平台+营销平台的共赢；同时，旅游与不同行业的组合打通了行业壁垒，整合百业资源、拓宽渠道，借助C端客户流量池打造出互惠互利的新局面。

但需要注意的是，在旅游类的活动中，企业需要避免隐形消费和强制消费，一旦出现上述情况，会对企业造成非常严重的影响，最终导致事与愿违，使客户不断抱怨甚至与企业闹翻。如果发生了不可避免的情况，一定要提前和客户打好招呼,让其在出行前知晓,避免引发争议。

一个小加油站半个月储值百万的案例拆解

旅游+加油站兴趣类私域落地案例

(1)加油站的市场痛点。

加油站周边的客流少,圈客有限。

传统的营销方案已无法满足客户需求。

缺少获客渠道,大部分时间都是守着自然流量,等客上门。

老客户的黏性低,留存差。

目前国内加油站的数量突破11万座,同行竞争压力大。

油品服务活动同质化严重,毫无吸引力。

该加油站普通员工的文化水平低、基础差,无营销意识。

(2)解决方案:私域爆破+旅游卡超级大礼包赠送。

通过后端的旅游卡赠送转化兴趣类私域,将客户沉淀到企业微信、小程序、旅游小管家个人微信上,为客户提供精细化运营和定制游。

(3)以下是对该加油站储值案例的拆解。

①项目背景。

该加油站所在地为四线城市,其位于市区和镇之间的环城边,周边的客流少,商圈有限,方圆5千米加油站扎堆,传统的"老三样"营销方案已无法满足客户需求。此时该加油站面临的困境有:缺少获客渠道,没有引客动作,基本上是守着自然流量等客上门;老客户的黏性还可以,但是没有留存;油品服务活动的同质化严重,毫无吸引力。

在项目洽谈的过程中,笔者发现同城的加油站的竞争情况可以用"水深火热"来形容。每升降价1元、1.2元、1.5元、1.8元、2元等的恶性竞争,反复循环。价格战让项目合作方感到非常无奈,大家都不想掉入价格战的恶性循环中,所以亟须寻找突破的方法。

②项目的劣势与优势分析。

A.加油站的劣势：所处城市为四线城市，加油站不在城市中，其位置介于市区和一个镇之间，客流量萎缩严重，全市约有70万人口，车辆保有量约为10万辆，有140个加油站，平均约1000辆车供一个加油站，是严重的"狼多肉少"局面。原来每天的客户自然流量为800~1000辆。降价大战后，每天为200~300辆，且从来没有做过线上活动，该加油站采用的是传统的到店收银方式，没有进行过粉丝的留存，也没有智能化的会员管理体系和收银体系。其几乎没有宣传渠道，公众号是新建立的，现有粉丝200人左右。

B.加油站的优势：加油站的站长因从事油品行业多年，积累了非常多的老客户；油品质量非常好，优惠非常多；愿意为客户提供更多的好服务；加油站经常提供凉茶、纸巾、水、自助洗车等服务；有一定的客户基础，有IC加油卡储值客户近7000人。

③合作契机与赠品方案设计。

A.对"私域即资产"的深度认同。"私域＋储值"的整合营销方法为该加油站的运营者提供了新思路。以私域的方式为该加油站搭建起自己的私域"池塘"，将该加油站的客户留存到加油站可反复触达、反复利用的"池塘"里。私域池塘搭建完毕之后，给予客户优惠的超级诱饵，锁定长期的消费，提升客户的忠诚度，同时进行品牌化的差异营销。因为价格战不是长久之计，所以要好好运营私域池塘，目标是培养客户的忠诚度，树立品牌和增加客户黏性。

以私域的方式留存客户，裂变客户。再以储值的方式锁住客户。合作思路非常清晰。客户就是资产，要把关注点从跟同行抢客户变为维护和投资自己的客户。由于在理念上一拍即合，我们用三天即敲定了合作方案，之后迅速进入项目的执行阶段。

B.超值赠品的供应链(旅游卡大礼包)。本次合作的核心是"私域营销＋储值锁客"，因此制订储值方案非常重要。我们不仅提供私域的合作，还策划了一场超具吸引力的储值活动。利用"云南双人双飞旅游卡"这个超级赠品，提升储值方案的吸引力。

C. 超级赠品说明。云南游爆品旅游线路：双人往返机票（机建和燃油全包）、景点第一道门票免费、酒店民宿免费住、特色美食免费吃、全程无强制消费、当地出行全免费、专享免费接送机、巨额保险保安全，共享 8 大权益。

提供加油站合作供应链大礼包：云南旅游卡 + 酒水 + 大米，总价值超过 5000 元，成本不到 1 折的超值赠品服务。

④整体方案策划思路。

旅游是大众化的兴趣，以旅游卡为超级诱饵设计成交主张，结合加油站资源，就能实现线下加油站的储值业绩爆增。

A. 造势预热。通过线上 + 线下的活动预热，吸引流量并裂变传播，引发关注。包括但不限于朋友圈、私信一对一、老顾客的短信通知、社群触达等方式。

B. 线上裂变。设计超级诱饵，引起在线流量的关注和裂变。通过超级诱饵设置裂变流程，借用小工具进行流量的裂变。这里可以借用任务宝等流量工具进行，吸引更多的粉丝关注。

C. 线上预售。吸引粉丝关注后，做一场线上预售，以储值活动的定金预缴 + 线下付尾款的方式，将在线预售指引转化至线下。

D. 线下活动成交转化。将线上的流量最终引流至加油站，在线下加油站进行储值，以送"旅游卡 +"的豪华礼包形式，增加储值量的转化。集中打造爆品，实现业绩的增长。

E. 旅游 + 百业私域沉淀。通过发售活动构建加油站的旅游会员私域，在提供旅游服务的同时构建粉丝的贴心服务和超值体验，让用户更加认可油站，从而产生付费和复购。

⑤达到的效果（见图 9-2）。

A. 0 粉 0 私域布局，19 天私域留存粉丝 3400 余人。

B. 裂变社群 3 个。

C. 在线预售 39 单，完成业绩 79560 元。

D. 线下19天发售1880元/5000元储值520单，突破107万元储值业绩，锁定客户三年消费约700万元。

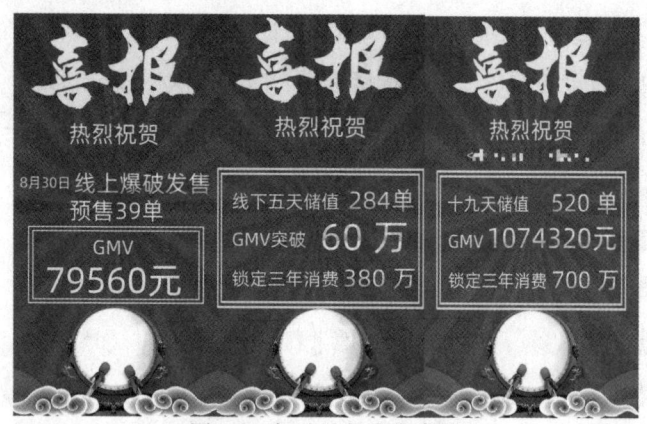

图9-2 加油站的发售喜报

⑥具体执行步骤。

第一步：为加油站搭建私域池塘。

加油站以往做储值活动都是用一些简单的物料，让收银员推销。这次合作的加油站，客户资源只有7000个老顾客的电话号码，没有公域和私域的留存，创建了微信公众号也没有运营，里面只有不到200个粉丝。所以合作的第一个环节就是留粉和私域池塘的搭建。

我们给客户提供了最新的加油站会员管理软件系统以及企业微信软件。利用这两个系统搭建池塘，对前来加油站加油的顾客的信息进行留存。还做了会员电子化支付系统的升级，让顾客在加油时体验感更好的同时，能更为自然和更配合地将自己的信息留存至企业微信和加油站员工的个人微信中。

这一步中有以下3个关键点值得注意。

关键点1：加油站的会员管理系统升级，让顾客从入店收银升级为手机端收银，将一人电子卡升级为共享电子会员卡。

关键点2：借由电子卡升级，给顾客提供超级诱饵，注册会员即可领取40元的加油券（两张满200减20的满减券）（见图9-3）。通过超级诱

第九章 案例：加油站＋旅游私域门店爆单玩法

饵的吸引，基本上可以实现100%的会员注册率，其中85%以上的顾客都被留存至企业微信中。

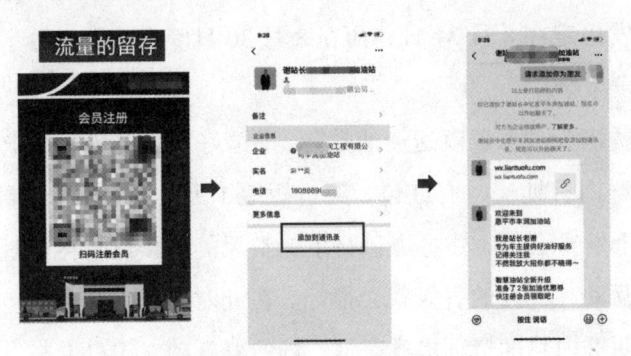

图9-3 顾客留存路径设计

关键点3：建立站长的个人IP四件套，包括头像、昵称、简介、签名。通过站长的IP形象，和顾客产生互动和连接（见图9-4）。

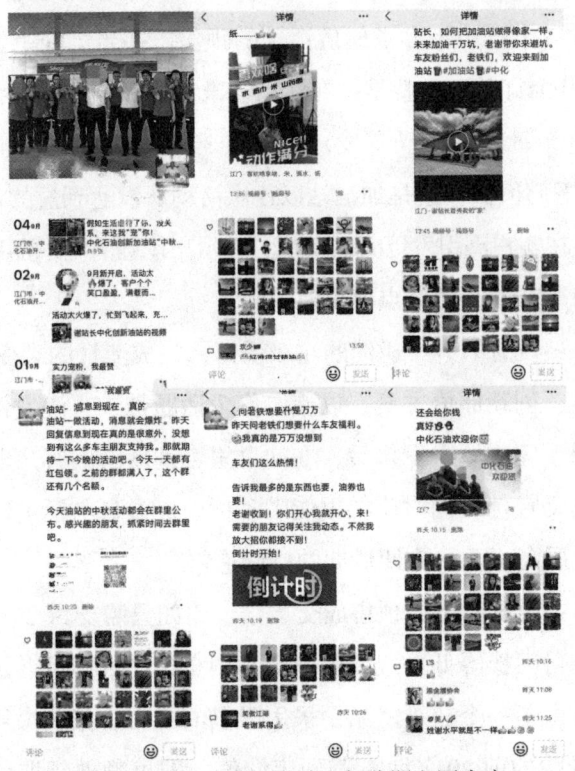

图9-4 站长个人IP设计和部分朋友圈内容

243

第二步：活动开始前的在线预热。

通过企业微信进行活动的预热宣发，其方式为借助抽奖进行群裂变。活动的正式发售定在8月31日，而在8月30日晚上8点举办了一场线上的储值活动发布会。

给出的诱饵为"入群就送加油券"，邀请好友入群可以领取翻倍的金额，且预告群内有抽奖，有红包。经过短短1天的时间，1个群裂变至3个群。在线上发布会前，主办方进行了一整天的群预热，再通过一些实物礼品进行群互动，群内的气氛就会很好。在此时发的100个红包次次都秒光，这也表明群内热度持续提升。每一场的群互动，主办方在发完红包后紧接着预告中秋的活动，保证群内的用户知晓活动内容和时间，确保晚8点发布会的出勤率。

通过裂变、消息群发、朋友圈宣发、一对一私聊等多种方式的触达，最终主办方在3个群中举办了储值活动的预售。在当天晚上进行的预售活动中共产生39个订单，也就是说在活动还未正式开始前，我们已经完成了1500人以及3个社群的活动宣发，同时有39个客户进行了储值，锁定了79560元的线下储值额，这是加油站以往做活动从没达到过的业绩。活动还未开始就已经在客户圈引发巨大的反响，显示出了强有力的品牌宣发效应。

这一步以下有9个关键点值得注意。

关键点1：设置入群、邀约的超级诱饵，完成流量的裂变。

关键点2：创新储值方案，以旅游作为话题带入，激发储值客户的新鲜感和超值感。完成线上发售后，在社群里咨询旅游的客户非常多，这在无形中助力活动宣传，同时旅游更能带动群内成员参与话题的积极性，社群活跃度因此居高不下，方便后期的持续追售。

关键点3：设置超强的预售成交主张，比如只需支付29.9元就可以预订名额，让支付门槛降低，线下储值活动则交付尾款即可参加。在线上预售中我们还提供了一个超级赠品，采用限量的成交主张刺激用户下单。当日线上下单抢购的前20名朋友若到店储值，即可额外领取价值428元的

第九章 案例：加油站＋旅游私域门店爆单玩法

空调电风扇一台。最终抢购达42单，将我们的线上预售推向高潮。

一个好的成交主张可以助力活动的宣传和推广，这20台空调电风扇确实起到了很大的宣传作用（见图9-5）。

图9-5 群发售当天部分订单的收款截图

关键点4：活动前引流，同城抽奖活动留粉。

在人气旺的加油站附近街道做抽奖送礼品的活动，以吸引和留存粉丝（见图9-6）。

图9-6 地推抽奖引流

245

关键点5：短信宣发引流。

主要是通过短信发送相关内容，以便激活老客户。设置诱饵，吸引老客户留存至企业微信（见图9-7）。

图9-7 老客户短信引流

关键点6：入群后的群发和私聊，主要目的是邀约入群（见图9-8）。

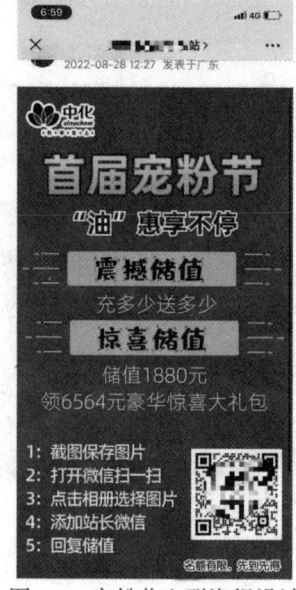

图9-8 宠粉节入群海报设计

第九章 案例：加油站＋旅游私域门店爆单玩法

关键点 7：入群后的关键引导指令——完成晚 8 点预售活动的反复提醒＋邀约入群裂变，这一点主要通过设计话术内容来实现（见图 9-9）。

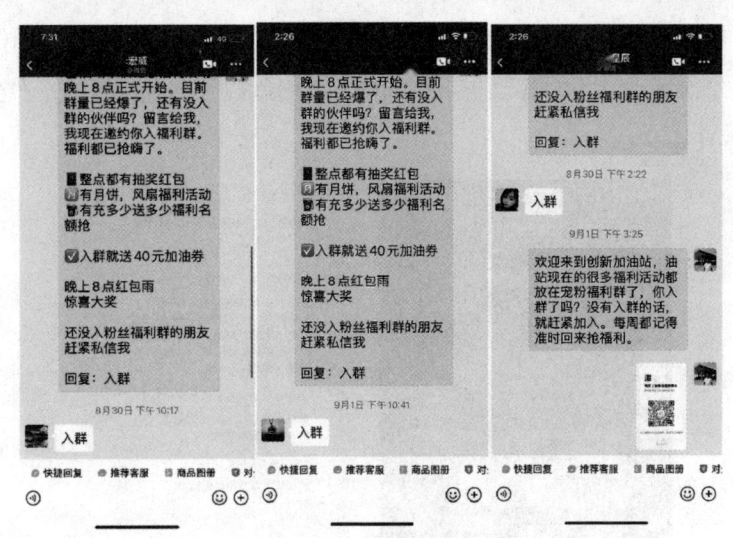

图9-9 企业微信引流入群话术

关键点 8：群内整点互动环节，除了通过发红包和抽奖营造群内互动的热烈氛围之外，该环节的动作还要注意加入群裂变的设计（见图 9-10），以便扩大群的影响力。

图9-10 群裂变设计

247

A. 充多少送多少名额，发送红包，手气最佳者获得。

B. 红包手气最佳者得实物礼品，包括月饼礼盒、电风扇、大米等。

C. 自己发的红包自己抢到的手气最佳者，得无门槛优惠券 50~100 元。

D. 每次活动结束时都预告下一场抽奖的时间以及当晚 8 点的发布会活动（见图 9-11）。

图9-11　群欢迎语和预热活动

关键点 9：发布会流程。

A. 主持人介绍，红包雨。

B. 站长的个人故事。

C. 油品的品质宣传资料。

D. 中秋节特别回馈活动。

E 宣发线下储值活动。

F. 支付 29.9 元即可在线预订，线下付尾款，额外享受价值 428 元的空调扇一台。

第九章　案例：加油站+旅游私域门店爆单玩法

第三步：正式活动的线下储值发售环节。

针对整个线下储值活动，我们做了非常多的创新，包括储值方案、员工的奖励机制，同时通过线上的私域宣传、裂变宣传，把活动的影响力做到最大。这一步值得注意的，有以下5个关键点。

关键点1：活动的超级储值方案。

方案的内容为储值1880元，享受价值7566元的5大超级礼包（见图9-12）。

图9-12　活动权益海报

礼包1：价值1000元的电子会员卡。

礼包2：价值1880元的加油代金券（其中满300减50元的20张，满300减40元的7张，满200减30元的20张）。

礼包3：赠送价值3980元的云南双人双飞6天5晚旅游卡（包含机票、住宿、餐费、大巴车费、导游费、保险费，承诺全程无强制消费，且在云南旅游购物享受30天无理由退换货服务）。

礼包4：价值638元的贵州国营老酒厂陈酿高粱酒2瓶。

礼包5：价值68元的10斤装丝苗米一袋。

此方案对加油站的新客来说，吸引力是非常大的。通过油券的设计，直接锁定客户三年的消费。

关键点2：设置发朋友圈可额外奖励矿泉水一箱的环节。

顾客都有占便宜的心理，此次活动中设置了发朋友圈证实活动有效即奖励矿泉水一箱的环节。这样一来，大多数参与活动的客户都会发朋友圈，就能在无形中让活动传播得更远，从而拥有更多的客户见证（见图9-13），让更多人看见实实在在的案例。

图9-13 客户见证图片

关键点3：线上的活动的持续性宣发。

整个活动做到了两个板块的线上私域互动。第一个是私域群聊和企业微信的活动宣传，把到店储值客户的排队场景以及客户领礼品的图片发到群里，开展进一步的互动和宣传；第二个是添加已经储值的客户的微信，对他们进行一对一私聊和群发动作，从而激活已经储值的客户，进行活动的转介绍。

关键点4：员工激励。

活动的执行效果在很大程度上取决于员工执行的积极性，为了解决这个问题，我们提前设置好对应的现金奖励政策，每天分班次进行销售量的统计，在交接班会议上直接发现金，以此肯定员工的努力（见图9-14），从而最大限度地提高员工的积极性，保证活动效果。

第九章 案例：加油站＋旅游私域门店爆单玩法

图9-14 员工现场激励图

关键点5：兴趣圈层的基本构建。

通过活动筛选出一批对旅游感兴趣的加油站车友粉丝客户。待他们完成储值活动后，将这批客户转移到新的VIP粉丝群中，在群里进行更深入的互动和连接，包括油品宣传、站长个人IP的进一步塑造和宣传、旅游出行的出团招募、旅游行程中的见证，旅游后的粉丝升级等。

⑦引发的思考。

在笔者的私域操盘案例中，加油站实际上就是一家给车加油的实体门店，它和餐厅、美容院、超市都一样，都是通过产品连接客户，实现发售成交。

未来，客户流量会越来越贵，如果想让自己不被动等客，就要学会主动出击，开始做私域，给自己打一口井或是盖一个装客户的房子，把流量变成"留量"，这才是企业或者门店的资产，才能产生复购和持续开发客户的终身价值，从而把客户变成源源不断的银行取款机。

旅游这个比较广泛的大众兴趣点，能够适用于不同类型的门店，也值得门店学习和借鉴，除了上述加油站的案例，笔者还为物业公司（见图9-15）、保险公司、美容院等定制了专属的营销方案，帮助这些企业解决问题，锁定了忠实用户，实现了业绩的提升。对企业来说，要学会跳出圈子，创新思维，整合行业资源，为客户提供多元化的服务，挖掘客户更深

251

层次的需求，这样企业才会走得越来越远。

图9-15　笔者与恒大物业合作图

兴趣类私域需要注入灵魂，才能走得更远

"兴趣类私域"玩法是未来企业的一个重要阵地，企业必须注重线上＋线下结合，通过"内容＋社交流量＋留存"的方式，实现"引流＋留存＋变现"的私域闭环体系。

这类私域体系建立的基础是各成员之间有着共同的兴趣点，彼此之间可以互动交流，成员之间的情感联系多，信任基础相对牢固。有了这样的基础，企业私域运营的工作人员的运营压力也会大大降低，但是用户的活跃度不会降低，并且转化率相对较高。

兴趣类私域有一个区别于服务型私域的关键特征，那就是终极目标，而且这个目标是兴趣类私域的灵魂所在。人们因为一个相同的兴趣爱好而被聚集在一起，其本质是为了满足自己的情感需求，所以兴趣类私域的出发点一定是从客户的角度出发，满足其情感需求。如果既能利他，又有情怀，还能给客户构建一个美好的愿景，从而为后期的运营提供土壤，那么企业的兴趣类私域运营之路就会越走越宽，企业的规模自然也会越做越大。